KB060763

집이 온다

곧 찾아올 절호의 타이밍에
대비하는_____구체적 방법

집이 온다

이광수 지음

기회를 놓쳐
아픈 당신에게
꼭 필요한
집테크 처방전

FOR
RENT

와이즈베리
WISEBERRY

저는 애널리스트입니다. 부동산뿐만 아니라 주식 시장을 분석하고 예측합니다. 미래를 예측하는 일은 항상 어렵습니다. 그럼에도 불구하고 저는 미래를 전망하는 일을 숙명으로 생각합니다. 많은 사람이 미래라는 망망대해를 항해해 나아가려 할 때 "저쪽으로 가면 신대륙이 나올 거야!"라고 알려주는 작은 나침반이 되기를 소망합니다. 다만 나침반은 스스로 방향을 알려주지 못합니다. N극이 북쪽을 가리키고 S극이 남극을 향하는 이유는 지구가 커다란 자석이기 때문입니다. 북쪽이 S극이기 때문에 나침반 N극은 어쩔 수 없이(?) 지구 북쪽을 가리킬 뿐입니다.

다행히 "저는 어쩔 수 없이 했다."라는 말을 좋아합니다. 이 말은 어떤 상황에서든 유연하게 대응하는 마음을 내포하고 있습니다. 나침반이라면 자기 의지를 가지면 안 됩니다. "난 이쪽이 북쪽이라고 생각해!"라고 고집을 부리면 절대 신대륙을 발견할 수 없습니다. 미래를 예측할 때도 마찬가지입니다. 제가 가장 먼저 경계하는 것은 제 의지입니다. 제가 가지고 있는 생각, 가치관, 처한 환경, 위치 그리고 욕심을 버리려고 노력합니다. 그러나 뜻대로 되지 않습니다. 나침반에 머리도 가슴도 없는 이유를 알겠습니다.

집값이 폭등했습니다. 2014년 이후 7년 만에 아파트 가격이 두 배 이상 올랐습니다. 제가 살고 있는 집, 살고 싶은 동네의 가격이 두 배나 상승했습니다. 왜 가격이 올랐는지 정확한 이유를 알고 있나요? 공급이 부족해서라고요? 아닙니다. 살기 좋은 동네라서, 금리가 하락해서 집값이 상승했다고 합니다. 그럼 앞으로 집값은 어떻게 될까요? 그동안 올랐으니 계속 오를 거라고요? 대출 규제 정책으로 하락할 것이라고요? 누구나 이러한 질문에 속 시원한 대답을 듣길 원합니다. 저 또한 그런 마음을 누구보다 잘 알고 있습니다.

대한민국에서 부동산과 집은 다른 어떤 자산보다 중요합니다. 가계 자산에서 부동산이 70% 이상을 차지하고 있다는 수치를 굳이 들지 않아도 집이 중요하다는 것은 모두 다 알고 있습니다. 그런데, 알고 계십니까? 누구나 중요하게 생각하는 것일수록 실제로는 누구도 잘 모를 가능성이 크다는 사실을. 남들이 중요하다고 하니 당연하게 여기며 자신도 남들만큼은 알고 있다고 생각하는 사람이 태반입니다. 또 자신이 알고 있다고 믿는 사실에 대해서는 일부러 시간을 내어 더 고민하고 공부할 필요성을 느끼지 못합니다. 이쯤 되면 눈치채셨으리라 믿습니다. 자산 중에서 중요한 것이라면 무엇보다 그리고 누구보다 더 많이 알아야 하고 공부해야 합니다.

부동산과 집은 중요합니다. 누구라도 부동산과 집을 공부해야 하는 이유입니다. 제가 부동산 시장의 나침반이 되고자 이 책을 쓰게 된 계기이기도 합니다. 저는 그동안 부동산을 둘러싼 수많은 데이터를 읽고 부동산 시장의 방향을 예측했습니다. 물론 여러분이 가지고 있는 생각과 매우 다를 수 있습니다. 그러나 용서하십시오. 어쩔 수 없었습니다.

"부동산이 중요한 것은 알겠는데 정말 어디부터 공부해야 하는지 잘 모르겠다." 이렇게 생각하는 분들을 위해 책을 썼습니다. 한국 부동산 시장을 철저히 분석하고 인과관계를 파악해 확률이 높은 미래를 전망했습니다. 내일을 살아야 하는 분들에게 나침반이 되고자 노력했습니다. 편견stereotype과 편향bias을 버리고 객관적 자료를 통해 분석하고 예측했습니다.

저자로서 독자 여러분들이 책을 통해 정보나 지식을 넘어 지혜를 얻기를 바랍니다. 지혜는 앎을 넘어 이해와 행동으로 이어짐을 의미합니다. 영국의 음악가 마일스 킹턴Miles Kington은 "토마토가 과일임을 아는 것은 지식이다. 과일 샐러드에 토마토를 넣지 않는 것이 지혜다 Knowledge is knowing that a tomato is a fruit. Wisdom is not putting it in a fruit salad."라고 말했습니다. 많은 사람이 이 책을 통해 지혜를 얻고 실천할 수 있다면 더할 나위 없이 행복할 듯합니다.

저는 항상 소수의 성취보다 다수의 행복을 위해 글을 쓰고 시장을 분석하며 예측하려고 노력합니다. 많은 사람이 투자를 통해 성공하고 다른 사람을 도우며 행복해지기를 희망합니다. 선한 의지와 옳은 일이 항상 승리함을 믿으며 〈겨울왕국 2〉 주제가 중 하나인 'The Next Right Thing' 가사 중 일부를 같이 나누고 싶습니다. 독자 여러분들에게 특별히 감사의 마음을 전합니다.

You are lost, hope is gone.

But you must go on.

And do the next right thing.

당신, 길을 잃었고 희망도 없네요.

하지만 계속 가야만 해요.

그리고 꼭 옳은 일을 하세요.

차례

Part 2 **어떻게 될 것인가?**

Part 5 부동산의 미래

프롤로그

집은 우리가 거주할 주택을 말합니다. 바꿔 말하면 우리가 쓰는 재화(goods)입니다. 부동산은 투자하는 주택을 의미합니다. 말하자면 일종의 자산(assets)입니다. 주택을 집으로 보느냐 부동산으로 보느냐에 따라서 예측이 달라질 수 있습니다.

집이 온다

집은 왜 부동산이 됐을까

부동산에 대해 이야기하기에 앞서 두 가지 개념을 알아야 한다. 우선 집은 사는live 곳이 아니라 사는buy 것으로 바뀌었다. 이제는 거주의 목적보다 투자의 목적으로 집을 사고판다. 집이라는 대상이 투자 상품으로 바뀌었음을 받아들여야 앞으로 논의할 모든 이야기에 대한 인과관계를 명확히 이해할 수 있다. "투자 개념으로 집을 산다고? 이런 투기꾼 같으니!"라고 생각한다면 이쯤에서 책을 덮어도 좋다.

　부동산을 분석할 때는 투자 시장으로 바라보고 판단해야 한다. 이미 주택 시장에 참여하는 많은 사람이 부동산을 투자로 생각하고 있다. 서울에서 주택을 취득하려면 주택자금 조달계획서를 제출해야 한다. 2018~2021년에 작성된 주택자금 조달계획서들을 분석해보면 전체 주택 구매자 중 직접 거주하지 않고 임대하는 비율이 50%에 근접하고 있다. 집을 사는 사람들 중 과반수가 거주 목적이 아니라 투자 목적으로 사고 있는 실정이다.

시장의 변화를 읽기 위해서라도 주택을 투자 상품으로 구별해야 한다. 실거주 목적의 아파트 수요는 시장 변동 요인이 될 수 없다. 매년 일정 수준의 수요가 유지되기 때문이다. 갑자기 인구나 소득이 증가하지 않는 한 실수요가 크게 확대되는 경우는 기대하기 어렵다. 일시적으로 실수요가 큰 폭으로 감소하지도 않는다. 변동이 없다면 변화 요인이 될 수 없다. 반면 투자 수요는 갑자기 증가하기도 하고 감소하기도 한다. 금리가 상승하면 투자 수요는 줄어들고, 정책이 완화되면 부동산에 투자하려는 사람들이 증가한다.

부동산 시장에서 빌라 매매량이 아파트 매매량을 초과하기도 했다. 언론과 전문가들은 아파트값이 단기간에 급등하고 전세 가격마저 상승하자 실수요자들이 내 집 마련을 위해 갑자기(?) 빌라를 사기 시작했다고 분석한다. 그러나 빌라 수요가 증가한 이유는 재개발 규제 완화 기대감 때문이다. 도심 주택 공급 확대를 위해 재개발 규제 완화 가능성이 커지자 빌라에 대한 투자 수요가 증가했다. 또한 상대적으로 아파트에 대한 다주택자 규제가 강화되면서 빌라로 투자 왕(?)들이 몰려들고 있다. 빌라를 수십 채, 수백 채 보유한 사람들이 증가하고 있다.

주택과 금융 시장이 밀접하게 연결돼 있다는 점도 중요한 전제다. 주택이 가계 자산에서 차지하는 비중이 크기 때문에 집을 사기 위해서는 대출이 불가피하다. 2020년을 기준으로 서울에서 주택을 사는 사람들은 매입 자금 중 평균 47%를 차입했다. 30, 40대는 차입금 비율이 평균 55%를 넘었다. 주택 시장의 차입 비율이 높아지면 금융 시장 변화에 크게 영향을 받을 수 있다.

주택담보대출뿐만 아니라 전세자금대출도 주택과 금융 시장의 연관성을 높였다. 전세 대출을 활용해 주택을 매수하는 사람들이 증가하면서 금융과 부동산이 더욱 밀접하게 연결됐다. 2020년 한 해 동안 전세담보대출이 43조 원 규모로 이루어져 역대 최고치를 기록했다. 그뿐만 아니라 가계의 주택담보대출 규모는 2021년 기준 982조 원에 이르고 있다. OECD 국가 중 가계 부채가 가장 빠르게 증가했다. 주택 가격이 폭등하면서 부동산 대출도 폭증했다. 부동산으로 들어오는 돈이 증가하자 주택 가격이 빠르게 상승했다.

주택 시장의 투자화·금융화는 부동산 시장을 판단하고 전망하는 데 가장 중요한 전제 조건이다. 정부는 집값 폭등 원인 중 하나로 1인 가구 증가를 제시했다. 2017년 이후 집을 사는 1인 가구가 크게 증가했다는 것이 판단 근거였다. 그러나 인과관계에 대한 분석이 틀렸다. 정말 1인 가구가 증가해서 강남 아파트 가격이 상승했을까? 그보다는 다주택자 규제가 강화되면서 세대를 분리하고 투자 목적의 1인 가구 매수가 증가한 것이 본질이었다. 또한, 청약 시장에 참여하기 위해 적극적으로 세대를 분리한 것도 1인 가구 증가의 원인이었다. 결국 주택 시장이 투자화 성격을 띠면서 1인 가구가 증가했다고 해석해야 한다.

대한민국 주택을 투자 시장으로 바라보면 해석과 전망의 기준이 달라진다. 가격을 결정하는 수요와 공급의 변화 양상도 달라진다. 일반적으로 가격이 상승하면 수요는 감소하고 공급은 증가한다. 그러나 가격 상승 폭이 확대되면 투자 시장에서는 가격이 상승해도 수요가 오히려 늘어나고 공급이 줄어든다. 반대로 가격 하락 폭이 커지면 수요가 감소하고 공급이 증가한다. 투자 시장에서 일어나는 독특한 수요와 공급의 변화를 시장의 성격에 맞게 반드시 이해해야 적절하게 대응할 수 있다.

투자로 움직이는 시장에 대한 예측은 일기예보나 동전 던지기와는 다르다. 날씨 예측을 아무리 잘한다고 해도 날씨에는 직접적인 영향을 미치지 못한다. 날씨는 그저 날씨대로 흘러갈 뿐이다. 투자로 움직이는 주식이나 부동산 시장은 다르다. 사람들의 예측에 따라 시장은 완전히 다른 모습으로 흘러간다. 예를 들어 전문가들이 어떤 주식을 팔아야 한다고 예측하면 모든 사람이 동시에 해당 주식을 팔고자 한다. 동시에 아무도 주식을 사려고 하지 않을 것이기 때문에 기존 예측은 쓸모가 없어진다. 결국 시장 예측이 거래자들에게 돈을 벌게 도와주기보다 오히려 그들의 손실을 키우는 꼴이 되고 만다.

투자로 움직이는 시장은 이러한 되먹임feedback 현상으로 가득 차 있다. 되먹임은 매수 또는 매도에 대한 의사 결정을 만들어낸다. 그리고 새로운 가격을 형성하고 또다시 새로운 되먹임을 낳는 식으로 반복된다. 이렇게 변화무쌍한 되먹임으로 움직이는 시장에서는 예측보다 현재에 대한 판단과 대응이 더욱 중요하다.

집이 투자 대상으로 바뀐
이유는 무엇일까

왜 투자 목적으로 집을 사는 사람들이 많아졌을까? 가장 직접적인 이유는 부동산 투자 수익률이 높았기 때문이다. 본격적으로 가격이 상승한 2014년부터 2021년까지 전국 아파트 연평균 상승률(아파트 실거래 가격 합산 금액을 거래 호수로 나눈 값)을 보면 무려 10%에 달한다. 결론적으로 매년 10%씩 상승했다. 지역별 상승률을 살펴보면 서울은 13%, 경기 11%를 기록했다. 가장 많이 상승한 지역은 세종으로, 연평균 상승률이 무려 17%에 달했다.

한국 부동산은 절대 수익뿐만 아니라 상대 수익률도 높았다. 같은 기간 코스피 연평균 수익률은 6%에 불과했다. 코스닥도 11%에 그쳤다. 변동성, 즉 상승과 하락 폭을 감안하면 지속 상승한 부동산과 투자 자산의 대표 격인 주식은 수익률 면에서 게임이 되지 않았다. 대출(레버리지)까지 감안하면 부동산을 통한 수익이 월등히 높았다.

많은 사람이 연일 상승하는 집값을 보며 거주보다 앞서 투자하고 싶은 마음을 키웠다. 20, 30대가 과중한 대출을 받아 주택 시장에 뛰어든 이유도 투자 목적이 컸다. 외지인들도 돈이 된다는 아파트를 사들였다. 한국부동산원 자료에 따르면 2021년 서울 주택의 외지인 매입 비중은 무려 27.1%에 이른다. 2014년 16% 수준에서 크게 상승했다. 수치상으로만 보면 서울의 주택을 사들인 사람 4명 중 1명은 서울에 살지 않는다. 지역별로 살펴보면 강서구의 외지인 매입 비중은 무려 33.5%에 달했다.

언론과 소셜 미디어도 부동산 시장에 대한 투자를 부추기는 데 거들었다. 매일 쏟아지는 가격 폭증 뉴스와 소셜 미디어 타임라인, 부동산 카페 게시글 등을 통한 확대 재생산은 부동산 투자를 반드시 해야만 한다는 조바심을 일으켰다. 평범한 회사원이 수십 채 아파트를 사들인 부자가 됐다고 자랑하는 부동산 투자 책이 넘쳐났다. 어떻게 주택에 투자를 하지 않을 수 있었겠는가.

주택의 투자화는 한국에서 더욱 빠르게 발생했다. 다른 나라와 비교하면 주택이 투자 상품으로 바뀔 수 있는 용이한 구조를 가지고 있기 때문이다. 아파트는 일반 주택과 다르게 일정 수준 이상의 품질이 보장되고 서로 유사한 특징을 가지고 있다. 따라서 투자하는 상품으로는 단독 주택보다 아파트가 유리하다. 즉 아파트는 투자 상품으로 거래되기 쉽기 때문에 부동산 시장의 아파트 비중이 높아질수록 주거 목적의 부동산이 투자 목적으로 거래되기 용이하다. 2020년 기준 한국의 전체 주택 1,853만 호 중 1,166만 호가 아파트다. 전체 주택 중 아파트가 차지하는 비중이 무려 63%에 이른다.

한국 주택 시장이 투자화의 성격을 띤 부동산assets이 됐다는 점을 이해해야 미래 주택 시장에 대한 예측을 할 수 있다. 사용 목적의 재화와 투자 목적의 자산 시장에 대한 접근 방식은 완전히 다르다. 그런데 소위 부동산 전문가들은 거주 목적의 집은 가격이 싸든 비싸든 언제든 사야 한다고 말한다. 그럴 듯하다. 하지만 정작 자신은 투자 목적으로 집 한 채를 더 사고팔면서 남들에게는 거주 목적으로 집을 사라고 조언한다. 이건 사기에 가깝다. 내가 부동산 투자화를 강조하는 이유는 더 이상 복잡한 시장의 변화 속에서 속지 않고 현명하게 살아남기 위해서다. 투자하는 시각으로 부동산을 바라보면 변동 원인과 사람들이 하는 이야기에 속지 않고 시장 상황을 정확하게 볼 수 있다.

부동산 시장은 왜 빠르게 금융화됐나

대한민국 부동산이 투자화뿐만 아니라 금융화된 가장 큰 원인은 저금리 기조다. 2015년부터 기준 금리가 2% 이하에 머물면서 저금리 상황이 지속됐다. 특히 코로나19 이후 금리가 큰 폭으로 하락했다. 부동산은 단위당 투자액이 크기 때문에 대부분 차입을 일으켜서 매입한다. 돈을 빌릴 때 가장 중요한 판단 기준은 대출 금리다. 대출 금리가 낮을수록 대출금은 증가하고 자연스럽게 부동산 수요가 증가한다.

코로나19로 인해 한국은행은 기준 금리를 0.5%까지 인하했다. 역대 최저 수준이었다. 절대 수준뿐만 아니라 인하 속도도 빨랐다. 금리가 인하되자 사람들은 빚을 내서 주택 시장에 뛰어들었다. 주택담

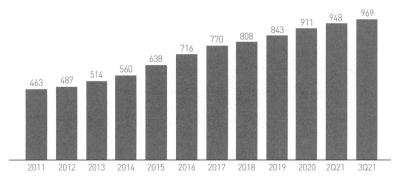

그림 1. 연도별 가계 주택담보대출 금액(2011~2021년)

(단위: 조 원)

463	487	514	560	638	716	770	808	843	911	948	969
2011	2012	2013	2014	2015	2016	2017	2018	2019	2020	2Q21	3Q21

자료: 한국은행

보대출은 급증했고, 주택 가격은 폭등했다. 금리 인하로 대출이 증가하고 주택 수요가 크게 확대됐다. 내수 경기를 부양하기 위해 금리는 낮추었으나 돈은 부동산으로 쏠렸다.

2021년 3분기 기준 가계 주택담보대출은 969조 원으로, 2014년 560조 원 대비 409조 원이 증가했다. 409조 원으로 집을 얼마나 살 수 있었을까?

전국 기준 아파트 평균 가격과 주택담보대출비율LTV 50%를 적용해 살펴보면 2015~2021년에 대출 증가를 통해 새롭게 유입된 주택 매수는 약 229만 호로 추정된다. 같은 기간 실제 거래된 아파트는 460만 호에 이른다. 대출을 받지 않고 매수한 경우를 감안하더라도, 실제 거래량이 지나치게 크다는 사실에 주목해야 한다. 이것이 바로 한국 주택 시장이 금융화됐다는 결정적인 증거다.

　간단하게 아파트 거래의 예시를 살펴보자. 최 씨가 은행에서 5억 원을 대출받아 박 씨의 아파트를 10억 원에 샀다. 아파트를 판 박 씨는 매각 대금 10억 원과 은행 대출 10억 원을 받아 정 씨로부터 10억 원짜리 아파트 두 채를 샀다. 엄격한 대출 규정을 적용한다면 박 씨가 정 씨로부터 아파트를 살 때 지불한 20억 원 중 15억 원은 은행 대출(최 씨의 은행 대출 5억 원+박 씨의 은행 대출 10억 원)이다. 누군가의 대출이 누군가의 자본금이 되고 다시 그 자본금을 활용해 대출을 일으키고 다시 누군가의 자본금으로 변한다. 돈에는 꼬리표가 없기 때문에 금융이 자산에 유입되면 지속적으로 불어난다. 일종의 승수 효과다. 아파트를 판 정 씨는 20억 원과 은행 대출 20억 원을 합해 10억 원짜리 아파트 네 채를 살 수 있다. 만약 대출이 없었다면 10억 원짜리 아파트를 팔아도 다시 10억 원 아파트를 살 수밖에 없다. 대출이 커지고 건수가 많아질수록 주택 수요가 더 크게 증가하는 효과가 나타난다.

　금융 자산(주식, 채권)은 일반적으로 몇 가지 특징을 가지고 있다. 첫째, 금융 자산의 가치는 미래의 일에 영향을 받기 때문에 가격과 수익률이 매우 불안정하게 움직인다. 둘째, 금융 자산의 가격은 공급보다 수요 측 상황에 더욱 민감하게 반응한다. 발행 시장에서 새로 공급되는 물량이 상대적으로 적기 때문에 공급량은 이미 유통되는 물량에 의해 영향을 받거나 안정적인 반면 수요의 주변 여건은 빈번하게 바뀐다.

대한민국 주택 시장도 금융화되면서 일반적인 금융 자산이 가지고 있는 특징을 띤다. 가격과 수익률이 매우 빈번하게 움직이고 단기적으로는 공급보다 수요에 시장이 더욱 민감하게 반응하고 있다.

LTV, DTI, DSR 규제

정부는 부동산 투기 차단과 억제를 위해 대출 한도를 정한다. 이때 활용되는 것이 LTV, DTI, DSR 규제다.

LTV Loan to Value Ratio(담보 인정 비율): 주택을 담보로 대출받을 때 담보 가치 대비 최대 얼마까지 대출을 받을 수 있는지를 결정하는 기준이다. 주택의 담보 가치만을 기준으로 한다면 주택 가격의 100%까지 대출할 수 있다. 하지만 2008년 서브프라임 모기지 사태에서 볼 수 있듯이 100% 대출 이후 주택 가격 하락 시 채권 은행은 바로 손실을 보는 구조이므로 일정 비율로 제한하고 있다.

DTI Debt To Income(총부채 원리금 상환 비율): 연 소득에서 주택담보대출 원리금 상환액과 기타 부채이자 상환 추정액이 차지하는 비율을 의미한다. DTI는 소득을 기준으로 하기 때문에 LTV보다 부동산 투기의 강력한 억제책이 될 수 있다.

DSR Debt Service Ratio(총부채 원리금 상환 비율): 연 소득에서 전체 금융 부채의 원리금 상환액 비율을 의미한다. DTI는 주택담보대출만 원금 상환액을 포함했지만 DSR은 기타 부채의 원금 상환액도 포함시켜 강화된 대출 규제다.

부동산 시장의 금융화는 우리나라만의 현상은 아니다. 특히 모기지 시장이 발달된 나라일수록 주택 시장이 더욱 금융 시장과 밀접하게 연결돼 있다. 자본주의 체제에서 경제는 신용 창출을 통해 성장한다. 돈이 많아질수록 경기가 좋아진다. 돈을 늘리기 위해, 즉 신용을 창출하기 위해 가장 좋은 방법은 부동산 대출이다. 대출 규모가 크고 신용도가 좋은 가계일수록 대출이 가능하고 담보가 확실하기 때문이다. 최근 대한민국에 상장된 은행들이 발표한 실적을 보면 놀라운 수준이다. 연간 순이익 4조 원을 넘긴 은행도 등장했다. 은행들이 역대 최고 수준의 이익을 낼 수 있었던 것도 대출 증가로 이자 수입이 크게 증가했기 때문이다.

부동산 시장의 금융화는 금융 시장 변동에 따라 주택 시장이 민감하게 변화될 수 있음을 의미한다. 금리 변동에 따라 주택 시장이 출렁거릴 수 있고, 대출 정책에 의해서 주택 수요와 공급이 달라질 수 있다. 서브프라임은 부동산의 금융화가 극에 달했을 때 어떤 문제가 발생할 수 있는지 극단적인 예를 보여줬다.

미국에서는 주택담보대출이 금융 상품화되면서 부동산 금융화가 더욱 확대됐다. 레버리지가 극대화되면서 주택 수요자, 대출자 그리고 금융 상품 투자자가 모두 행복했다. 당시 메릴린치에서는 서브프라임 관련 상품을 다루는 부서 직원 100명 이상에게 100만 달러가 넘는 상여금을 지급했다. 골드만삭스에서도 50명에게 연간 2천만 달러 이상의 성과급을 지급했다. 그러나 이후 어떻게 됐는가.

부동산 시장이 금융화됐을 때 뒤따르는 긍정적인 면이 분명 존재한다. 그러나 그만큼 부정적인 영향도 커질 수 있다. 코로나19를 겪으면서 대한민국 부동산 시장의 금융화도 정도의 차이는 있지만 가속화되고 있다. 대출 규모가 증가했고, 제1금융권뿐만 아니라 제2, 3금융권에서도 부동산 관련 대출 비중이 크게 증가했다. 주택담보대출뿐만 아니라 전세자금대출도 증가하면서 일종의 그림자 금융이 확대됐다.

한국의 주택 시장을 이해하고 전망하려면 전반적인 금융 시장에 대해 이해해야 한다. 지금 주택이 얼마나 지어지고 있고, 학군은 어느 지역이 좋으며, 어디가 역세권인지를 파악하는 것보다 금융 시장이 어떤 방향으로 변화할 것인지에 대해 고민하는 것이 더 중요한 시대가 오고 있다.

자산 시장에 대한 분석을 뛰어넘어 세상을 이해하고 미래를 예측하기 위해서는 정보량이 그리 중요하지 않다. 그보다 시장과 세상을 바라보는 관점이 중요하다. 정보는 얼마든지 구할 수 있다. 자신만의 분명하고 정확한 관점이 있어야 정보를 해석하고 분석할 수 있다. 부동산 시장도 마찬가지다. 투자화와 금융화 관점에서 한국 부동산 시장을 분석해야 한다. 부동산 시장의 변화를 읽고 전망하기 위해서는 반드시 관점의 변화라는 전제 조건을 갖춰야 한다.

회색 코뿔소를 아십니까?

숫자에는 감정이 없다. 냉담하게 현실을 이야기한다. 우리가 숫자를 맹신하는 이유다. 무엇보다 숫자를 객관적이라고 생각하기 때문이다. 그러나 중요한 것은 숫자 자체가 아니다. 변화를 읽기 위해서는 숫자를 만든 사람들의 심리와 행동을 읽어야 한다. 그래야만 숫자가 가진 진정한 의미를 찾을 수 있다. 변화의 속도에 주목하는 이유다.

속도는 사람들의 심리 상태를 말해준다. 사람들은 불안하다고 생각하면 더 빨리 달리고, 여유가 있다고 느끼면 천천히 걸어간다. 출근길의 풍경을 떠올리면 쉽게 이해가 된다. 부동산 시장을 판단할 때도 마찬가지다. 숫자를 통한 단편적인 분석에는 한계가 있다. 숫자의 속도와 변화의 방향성을 발견하고 그 속에 숨은 심리를 읽어야 한다.

가장 이상적인 상태는 (점진이라는 의미의 모호성에도 불구하고) 점진적인 변화다. 아쉽게도 현실과 이상은 항상 매우 다르다. 부동산 시장도 경제 성장을 그대로 반영해 점진적으로 변화한다면 가장 이상적일 수 있다. 가계 소득이 증가할 만큼 부동산 가격이 상승하면 된다. 그러나 현실에서 부동산은 다르게 움직인다.

세상이 선형으로 움직이지 않는 것은 감정과 심리가 개입되기 때문이다. 주식 시장에는 "시장은 탐욕과 공포 사이에서 움직인다."라는 격언이 있다. 그 말처럼 사람들은 탐욕과 공포 사이에서 흔들린다. 긍정적인 뉴스들이 보도되고 전망이 밝아지면 사람들은 탐욕스럽게 변한다. 돈 버는 일에 집중하고 투자도 공격적으로 진행한다. 탐욕은 투자 경쟁을 일으키고 가격의 급격한 상승을 부추긴다.

반대로 공포가 찾아오기도 한다. 부정적인 전망을 많이 내놓으면 사람들은 두려움을 갖기 시작한다. 불확실성이 커지면서 사람들의 공포심이 가격 하락의 원인이 된다. 이러한 심리적 변동을 숫자로 표현할 수 있다. 부채가 대표적이다.

최근 한국은행이 발표한 가계 신용(잠정) 자료에 따르면 가계 부채 잔액은 1,862조 원으로 역대 최고치를 기록했다. 저금리 구조에서 대출 증가는 불가피할 수 있다. 문제는 속도다. 2020년 기준 가계 부채 증가율을 살펴보면 한국은 9.4% 증가해 주요국 중 압도적인 1위 (미국 3.4%, 일본 3.9%, 호주 2% 등)를 기록했다. 가계 부채 현황 보고에 따르면 한국의 가계 부채는 글로벌 금융위기 이후 국내총생산의 세 배, 민간소비의 다섯 배에 가까운 속도로 증가했다. 속도뿐만 아니라 가계 소득으로 부채를 감당할 수 있는 능력을 평가하는 지표인 '가처분 소득 대비 가계 부채 비중'도 170%를 초과해 OECD 국가들과 비교하면 크게 악화돼 있는 상황이다.

프롤로그

한국의 가계 부채가 급증한 가장 큰 요인은 부동산 대출 증가다. 부동산 빚이 빠르게 증가하고 있다는 사실은 부동산 투자에 대한 사람들의 확신이 커졌다는 것을 의미한다. 과도한 빚으로 집을 사는 것은 집값이 떨어질 수 있다는 가능성을 전혀 고려하지 않은 행위다. 빚과 확신의 위험한 상관관계다.

그동안 많은 국가가 금융위기를 경험했다. 위기가 터질 때마다 정부를 비롯한 많은 전문가가 위기의 원인을 찾고자 노력했다. 많은 원인과 새로운 이론들이 제시됐다. 그중에서도 위기를 미리 알 수 있는 방법을 찾는 것이 무엇보다 중요하다. BIS Bank for International Settlements(국제결제은행)와 IMF International Monetary Fund(국제통화기금) 등의 국제 기관들은 '경제 성장 속도보다 더 빠른 속도로 증가한 국내 민간 대출'을 위기의 전조로 꼽았다. 즉 단순 부채 총량보다 속도가 중요하다는 사실을 밝혀냈다. 2008년 미국 서브프라임도 GDP 대비 가계 부채 비율이 100% 미만이었음에도 연간 10%가 넘는 증가 속도가 문제가 됐다.

부동산에 대해 논의할 때 한국의 가계 부채 리스크는 항상 거론돼왔던 문제다. 그럼에도 불구하고 가계 부채는 단 한 번도 부동산 위기의 직접적 원인이 된 적이 없었다. 현재도 가계 부채는 다른 어떤 부채보다 연체율이 낮은 상황이다. 알고 있다면 문제가 안 된다는 자신감일까? 2013년 WEF World Economic Forum(세계경제포럼)에서 세계정책연구소 소장 미셸 부커Michele Wucker는 회색 코뿔소라는 표현을 썼다. 회색 코뿔소가 위험한 동물이라는 것을 알고 있다고 해서 이를 가볍게 여기고 무시해 다가가면 위기를 맞을 수 있다는 의미다. 알고 있는 것을 중요하게 여기지 않을 때 위험이 도사리고 있다는 사실은 언제나 변함없다.

시중 은행들이 가계 대출 줄이기에 나서기도 했다. 과도한 부채 증가 속도에 부담을 느꼈기 때문이다. 대출 감소와 더불어 금리 인상도 현실화됐다. 한국은행은 금융 안정을 위해 기준 금리를 인상했다. 부채의 절대적 규모가 크고 증가 속도가 빨랐던 상황에서 갑작스럽게 브레이크를 밟으면 모든 탑승자의 몸을 심하게 흔들 수 있다. 금리 인상이 부동산 시장에 미치는 영향이 크지 않을 것이라고 다수가 전망하는 상황이기 때문에 불확실성은 더욱 커질 수 있다. 아니라고 생각할수록 변화 속도를 더욱 빠르게 부추길 수 있다.

김지은 문학평론가는 "행복이 누구도 가질 수 없는 것이 돼버리면 사람들은 행복해지기를 포기하고 행운에 매달린다."라고 말했다. 행복과 행운의 차이는 무엇일까? 행복의 사전적 의미는 '몸과 마음에서 느끼는 충분한 만족과 기쁨'이다. 반면 행운은 '좋은 운수'다. 또 운수는 '이미 정해져 있어 사람의 힘으로 어쩔 수 없는 일'을 말한다. 몸과 마음의 상태는 나의 노력으로 얼마든지 만들어갈 수 있지만 운수는 그렇지 않다.

'행복할 것인가'와 '행운을 믿을 것인가'는 투자에서 중요한 문제다. 많은 사람이 인정하지 않지만 투자를 할 때 행복보다 행운을 바란다. 항상 '이번엔 다르다'고 생각해 빚을 내어 무리하게 투자한다. 하지만 운수는 급작스럽게, 아니 빠르게 변한다.

최근 한국 부동산 시장에서 집값이 빠르게 상승하면서 사람들은 행복해지기보다 행운을 바라보고 기대하기 시작했다. 로또 아파트 경쟁률은 3만 대 1을 넘겼다. 행운을 기대하면서 여기저기 땅을 사고 자신이 거주하지도 않을 집을 사고 있다. 운을 기대할 때는 모든 것을 걸면 안 된다. 은행에서 대출을 받아 복권을 사는 사람은 극소수에 불과하다. 그러나 부동산 시장에서는 너도나도 운을 기대하면서 무리하게 대출을 일으키고 있다.

진부한 이야기 같지만 세상에 영원한 것이 없다는 말은 진리에 가깝다. 그만큼 사람들의 마음이 수시로 바뀌기 때문이다. 최근 빠르게 증가하는 부동산 대출 규모를 보면서 '저 멀리 보이는 먼지를 혹시 회색 코뿔소 떼가 일으키고 있는 것은 아닐까'라는 생각이 든다. 만약 지금보다 더 가까워지면 사람들의 마음은 또 어떻게 바뀔까? 최근 부동산 시장에서 나타난 숫자가 불편한 이유다.

Part 1.

가격 변동을 이끄는 요인이 항상 누군가의 이기심은 아니다. 어제는 가격을 인상한 것이 나쁜 결과를 낳았지만 오늘은 좋은 결과로 이어질 수 있다고 믿도록 집주인의 마음을 바꾼 변화 요인이 존재한다. 이러한 변화 요인은 결국 수요와 공급의 힘에 의해 결정된다.

다시, 집값을
전망한다

다시, 집값을 전망한다

투자는 미래에 하는 것이다. 과거나 현재에 투자를 하지는 않는다. 투자에 앞서 미래를 전망해야 하는 이유다. 과연 어떻게 미래를 전망하는 것일까? 안타깝게도 미래를 정확하게 예측하는 방법은 없다. 미래는 물리적 요소뿐만 아니라 심리와 사회적 요소로 인해 변한다. 특히 투자화 성격을 띠게 된 부동산과 주식 시장에서는 인간 심리와 환경 변화가 미래에 큰 영향을 미치기 때문에 예측이 더욱 어려워진다.

미래를 정확히 예측하는 건 불가능하지만 미래를 근접하게 예측하는 최적의 방법은 분명 존재한다. 중국의 역사가 사마천司馬遷도 술왕사지래자術往事知來者, 즉 "지난 일을 기술해 다가올 일을 안다."라고 기록했다. 미래를 예측하는 첫 출발점은 과거와 현재를 분석하는 일이다. 가장 현실적이고도 효과적인 방법이다. 이때 유의할 점이 있다. 지난 일은 기억이 아니라 기록이어야 한다. 많은 사람이 기억을 통해 역사를 이야기하는 실수를 범한다. 기억은 단편적이고 편협할 가능성이 크다. 반드시 과거 기록과 데이터 분석을 통해 시장을 읽고 예측해야 한다.

과거뿐만 아니라 현재도 중요하다. 예측할 수 있는 미래는 분명히 존재한다. 앞으로 다가올 미래가 이미 현재에 일어나고 있기 때문이다. 대표적인 예가 인구 변화다. 현재 출산율과 사망률을 살펴보면 고령화는 분명히 예측할 수 있는 미래다. 이러한 현재 변화 중에서 무엇이 미래에도 영향을 미칠 것인지 분류하는 과정이 우리에게 필요하다.

미래를 예측하려면 과거나 현재 중 무엇이 미래에 영향을 주는지 발견한 후에 변화 원인을 분석해야 한다. 즉 과거와 현재의 변화가 왜 일어났는지 원인을 찾아야 미래를 예측할 수 있다. 가장 먼저 인과관계를 찾아야 한다. 과거에 어떤 일이 일어났고, 현재까지 어떤 영향을 주고 있는지 원인을 찾으면 미래를 예측하는 데 유용한 지침이 될 수 있다. 다만 인과관계를 밝히는 과정이 그리 녹록치 않다.

무엇보다 인과관계와 상관관계를 혼동하기 때문이다. 먼저 두 가지 데이터가 서로 유기적으로 움직일 때 상관관계가 있다고 표현한다. 그와 달리 특정한 사건이 다른 사건에 직접적인 영향을 줄 때 인과관계가 있다고 표현한다. 일반적으로 인과관계는 상관관계 속에 포함된다.

어느 기업의 사장이 바뀐 다음 주가가 상승했다는 기사가 보도됐다. 이때 새로운 사장과 주가 상승은 상관관계에 있다. 그러나 새로운 사장 때문에 주가가 올랐다는 인과관계적 판단은 틀릴 수 있다. 사장이 바뀐 것 말고도 주가 상승의 이유가 충분히 존재할 수 있다. 이처럼 투자에 필요한 정보를 제공하는 뉴스나 소식통 중에는 상관관계와 인과관계를 혼동해 분석한 사례가 넘쳐난다.

상관관계와 인과관계를 혼동하게 만드는 가장 큰 원인은 편향이다. 사람들은 누구나 자신이 처해 있는 위치와 환경 그리고 경험에 따라 편견과 편향을 가지고 있다. 집을 보유한 사람은 주택 가격이 오른다는 정보에 더 관심을 가진다. 주식 투자로 크게 손실을 본 경험이 있으면 주가가 빠진다는 전문가의 분석을 더 신뢰하는 경향을 띤다. 이러한 편향을 가지면 똑같은 정보를 왜곡해 해석할 가능성이 크다. 편향을 줄이려 노력할수록 시장을 움직이는 과거와 현재의 인과관계를 정확하게 분석하고 판단할 수 있다.

미래를 예측하기 위한 준비는 과거와 현재에 대한 분석, 편향을 배제하고 인과관계를 파악해 시장 변동 원인을 찾는 것이라 했다. 마지막으로 해야 할 일은 확률이 높은 전망을 하는 것이다. 세상에 일어날 수 있는 일은 대부분 일어나고 있다. 복권을 사면 대부분 당첨되지 않는다. 그러나 분명 누군가는 복권에 당첨된다. 가능한 일들은 모두 발생하고 있다. 그렇다면 무엇이 확률이 높은지 예측해 움직여야 현명한 결과를 낳을 수 있다. 무엇이 확률이 높은지 전망하는 것이 곧 미래를 예측하는 최적의 방법이다.

과거와 현재에 무슨 일이 있어났는가. 왜 일어났는가. 앞으로 무슨 일이 일어날 확률이 높은가. 이것이 가장 간단하면서도 분명하게 집값을 전망하는 방법이다.

얼마나
올랐는가

자산 시장에서 가장 중요한 지표는 가격이다. 가격을 통해 모든 것이 판단된다고 해도 과언이 아니다. 자산 시장에 참여하는 주체들은 가격을 수단으로 의사소통을 한다. 또한 가격을 통해 시장 상황을 판단할 수 있다. 부동산 시장에서는 보통 주택 가격이 많이 올랐다는 식으로 말한다. 과연 얼마나 올랐다는 것일까? 주택 가격을 나타내는 지표에는 여러 가지가 있다. 그중 얼마나 올랐는지에 대한 대답으로 가장 적합한 지표는 실거래 가격이다. 실제로 거래된 부동산의 가격을 통해 가격 상승 폭과 강도에 대해서 정확하게 살펴볼 수 있다.

실제 평균 매매 가격을 고려하면 2014년 기준 서울의 아파트 단위 거래 가격은 5억 1천만 원이었다. 2021년 기준 단위 거래 가격은

12억 6천만 원으로 대폭 올랐다. 상승률이 무려 146%다. 평균 아파트 가격이 7년 만에 두 배가 됐다. 경기도는 2억 9천만 원에서 6억 2천만 원으로 117% 상승했다. 전국 평균 실거래 아파트 가격도 2억 7천만 원에서 5억 5천만 원으로 두 배 가까이 올랐다. 2014년부터 2021년까지 아파트 실거래 가격 상승률이 가장 높았던 지역은 세종시로, 2억 1천만 원에서 6억 5천만 원으로 올라 누적 상승률이 208%에 달했다. 전국의 아파트 실거래 가격이 모두 두 배 이상 오른 것으로 조사된다.

연도별 상승률을 살펴보면 전국의 아파트가 가장 많이 오른 기간은 2020년과 2021년이었다. 특히 경기도 지역이 각각 28%, 26%로 높은 상승률을 보였다. 반면 서울 지역 아파트는 2018년에 20% 상승한 이후 2020년 16%, 2021년 14%로 상승 폭이 둔화됐다.

실제 아파트 거래 가격은 어떻게 변화했는지 살펴보자. 2014년 이후 서울에서 가장 많이 거래된 '은마 아파트'는 2014년 말 31평이 약 8억 6천만 원에 거래됐다. 2018년 말에는 16억 원에 거래됐다. 2022년 1월에 신고된 실거래 가격은 24억 9천만 원이었다. 2014년부터 2018년까지 두 배 이상 오른 이후 2021년까지는 상승률이 56%를 기록했다. 절대 가격이 오를수록 상승률은 둔화되는 모습을 보였다. '도곡 렉슬'도 유사한 추이를 보였다. 2014년 12월에 34평이 10억 원에 거래됐다. 2018년 10월에는 21억 4천만 원으로 가격이 두 배 이상 상승했다. 2021년 10월에는 실거래 가격이 28억 8천만 원으로 신고됐다. 가격 상승률만 보면 2015년부터 2018년까지

그림 2. 글로벌 주요국 주택 가격 상승률

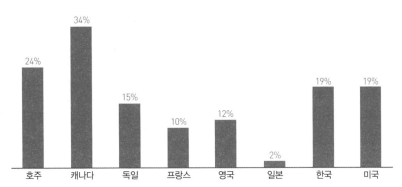

자료: Federal Reserve Bank of Dallas

크게 상승한 이후 둔화된 것으로 조사된다.

한국부동산원에서 발표한 1987년 이후 연도별 전국 주택 매매 가격 변동률을 보면 최근과 같은 높은 상승률을 보인 기간은 1987년부터 1990년, 2001년부터 2006년까지다. 2015년 주택의 절대 가격이 과거 대비 크게 상승했음에도 불구하고 유사한 상승률을 보였다는 것은 놀라운 점이다.

글로벌 주요국과 비교해도 한국의 집값 가격 상승률은 높았다. 댈러스연방준비은행Federal Reserve Bank of Dallas의 국제 주택 가격 지수에 따르면 코로나19가 시작된 이후, 즉 2020년 1분기부터 2021년 3분기까지 한국 주택 가격은 호주, 캐나다 다음으로 높은 상승률을 보였다. 가장 낮은 상승률을 보인 국가는 일본이었다.

부동산 가격에 대해서는 다양한 원인 분석을 할 수 있다. 그중 무엇보다 주택 가격이 최근 크게 상승했다는 점을 인지해야 한다. 7년 동안 전국적으로 아파트 가격이 평균 두 배 이상 상승했다. 미래를 예측하기 위해서는 가격 자체보다 가격의 변화 원인을 찾아야 한다. 주택 가격도 마찬가지다. 많은 사람이 "와! 집값이 엄청나게 올랐다." 라고 쉽게 말한다. 그러나 더 중요한 것은 "왜 올랐을까?"에 대한 답을 찾는 것이다. 원인에 대한 답을 찾아야 집값을 전망할 수 있다.

왜
올랐는가

가격 변동은 수요와 공급의 변화에 의해 이뤄진다. 수요가 증가하거나 공급이 감소하면 가격은 상승하고, 수요가 감소하거나 공급이 증가하면 가격은 하락한다. 주택 가격도 마찬가지다. 주택 수요와 공급에 따라서 가격이 변동된다.

하지만 많은 사람이 수요와 공급의 힘 이외의 변수가 가격 변동의 원인으로 작용한다고 믿는다. 예를 들어 집주인의 이기심이 아파트 가격이나 전세 가격을 올린다고 생각한다. 그런 생각들이 세금을 올리거나 규제를 강화해 가격 인상을 억제해야 한다는 믿음으로 이어진다.

맞는 말이긴 하다. 하지만 가격 변동을 이끄는 요인이 항상 누군가의 이기심은 아니다. 어제는 가격을 인상한 것이 나쁜 결과를 낳았지만 오늘은 좋은 결과로 이어질 수 있다고 믿도록 집주인의 마음을 바꾼 변화 요인이 존재한다. 결국 이러한 변화 요인은 결국 수요와 공급의 힘에 의해 결정된다. 집주인의 마음이야 어떻든 모든 가격 변동은 수요와 공급 변화를 통해서 이루어진다.

최근 나타나는 주택 가격 폭등 또한 수요와 공급 변화를 통해서 나타난 현상이다. 가격 상승을 일으키는 원인은 두 가지다. 바로 수요 증가와 공급 감소다. 둘 중 무엇이 가격 상승 원인인지가 부동산 시장에서 벌어지는 문제의 본질이다.

우선 정확한 가격 변동 원인을 찾으려면 거래량을 통해서 현재 상황을 판단해야 한다. 가격이 오를 때 거래량이 증가한다면 가격 상승의 원인은 수요 증가다. 반면 가격이 오를 때 거래량이 감소한다면 가격 상승의 원인은 공급 감소다. 2007년부터 2021년까지 아파트 실거래 가격 상승률과 거래량 증감률 변화를 살펴보면서 주택 가격 상승 현상과 원인을 찾아보자.

2014년 이후 아파트 가격은 지속 상승했다. 반면 거래량 변동 폭이 크다는 점이 흥미롭다. 전국의 아파트 거래량을 보면 2020년에 전년 대비 37% 증가한 이후 2021년에는 약 31% 감소했다. 가격 상승에도 불구하고 거래량이 달라졌다는 데서 상승 원인을 찾을 수 있다. 가격이 상승할 때 거래량이 증가하면 수요 증가가 원인이다. 반면 가격 상승 시점에 거래량이 감소하면 공급 감소가 변동 원인이 된다. 같은 시기 서울의 아파트도 가격이 상승하는데도 불구하고 거래

표 1. 아파트 실거래 가격과 거래량 변동률

(단위: %)

지역	서울		경기		전국	
구분	가격	거래량	가격	거래량	가격	거래량
2007년	1.7	−50.5	0.4	−39.6	1.8	−21.0
2008년	−1.7	−2.0	−4.1	−3.6	−1.0	9.8
2009년	5.6	28.8	2.8	13.3	4.3	13.6
2010년	−3.4	−38.2	−5.3	−24.0	−0.9	−5.9
2011년	−2.5	22.4	−0.1	29.2	2.6	9.1
2012년	−7.1	−24.2	−6.7	−27.9	−4.5	−27.0
2013년	1.0	68.8	1.4	55.1	2.3	30.8
2014년	3.9	25.3	4.5	17.2	4.8	13.4
2015년	8.4	36.2	6.8	8.0	7.5	0.7
2016년	8.5	−5.8	3.7	−13.3	4.7	−12.6
2017년	13.4	−3.2	3.4	−10.4	5.6	−8.3
2018년	19.5	−23.2	8.1	−0.6	8.5	−10.5
2019년	12.3	−7.7	4.1	−7.4	6.2	5.7
2020년	16.1	−7.4	26.7	52.9	19.4	37.0
2021년	14.1	−51.2	24.9	−40.1	18.5	−30.5

자료: 국토교통부

량은 지속 감소했다. 즉 서울의 아파트 가격 상승은 공급 감소가 원인이었다고 판단할 수 있다.

이처럼 시장에서 이뤄지는 가격 변동의 원인은 가격과 거래량의 관계를 통해서 찾을 수 있다. 쉬운 예를 통해 생각해보자. 아이스크림이 몸에 좋다는 연구 결과가 나오면서 아이스크림에 대한 수요가 증가했다. 수요가 증가하면 가격은 올라가고 거래량은 증가한다. 반면 아이스크림 회사의 파업으로 공급이 줄어들면 가격은 상승하지만 거래량은 줄어들게 된다. 결국 가격이 상승하는 결과는 똑같지만

표 2. 서울, 경기도 아파트 가격 변동 원인

(단위: %)

지역	서울		변동 원인	경기		변동 원인
구분	가격	거래량		가격	거래량	
2007년	1.7	-50.5	공급 감소	0.4	-39.6	공급 감소
2008년	-1.7	-2.0	수요 감소	-4.1	-3.6	수요 감소
2009년	5.6	28.8	수요 증가	2.8	13.3	수요 증가
2010년	-3.4	-38.2	수요 감소	-5.3	-24.0	수요 감소
2011년	-2.5	22.4	공급 증가	-0.1	29.2	공급 증가
2012년	-7.1	-24.2	수요 감소	-6.7	-27.9	수요 감소
2013년	1.0	68.8	수요 증가	1.4	55.1	수요 증가
2014년	3.9	25.3	수요 증가	4.5	17.2	수요 증가
2015년	8.4	36.2	수요 증가	6.8	8.0	수요 증가
2016년	8.5	-5.8	공급 감소	3.7	-13.3	공급 감소
2017년	13.4	-3.2	공급 감소	3.4	-10.4	공급 감소
2018년	19.5	-23.2	공급 감소	8.1	-0.6	공급 감소
2019년	12.3	-7.7	공급 감소	4.1	-7.4	공급 감소
2020년	16.1	-7.4	공급 감소	26.7	52.9	수요 증가
2021년	14.1	-51.2	공급 감소	24.9	-40.1	공급 감소

자료: 국토교통부

원인이 분명 다르다. 따라서 거래량을 보면 가격 상승의 원인이 수요 증가인지 공급 감소인지 판단할 수 있다.

그렇다면 연도별로 아파트 가격을 변동시킨 원인을 찾아내보도록 하자. 가격 상승과 같은 논리로 하락 원인도 구별할 수 있다. 가격이 하락할 때 거래량이 감소했다면 수요 감소가 변동 원인이다. 반면 가격이 하락할 때 거래량이 증가했다면 변동 원인은 공급 증가다.

2014년 이후 서울의 아파트 가격이 오른 이유는 수요 증가였다가 공급 감소로 바뀐다. 경기도의 아파트는 서울과 같은 흐름을 보이다

집이 온다

가 2020년 변동 원인이 수요 증가로 일시적으로 바뀌었다.

가격 변동 원인에서 흥미로운 점을 발견할 수 있다. 우선 수요 변화다. 2008년부터 2010년까지 가격을 변동시킨 원인은 수요 변화였다. 2008년에는 주택 수요가 감소하면서 가격이 하락하고 거래량이 줄어들었다. 2009년에는 2008년과 다르게 주택 수요가 증가하면서 가격이 상승하고 거래량도 회복했다. 2010년에는 다시 수요가 줄어들면서 가격은 하락하고 거래량은 감소했다. 1년 간격으로 주택 수요가 감소했다가 증가하고 다시 줄어들었다. 이처럼 주택 수요가 매년 급변했던 이유는 무엇일까?

일반적으로 주택 수요는 인구, 가구 수, 소득 등에 의해 결정된다고 생각한다. 인구나 가구 수가 증가하면 주택 수요가 늘어날 수 있다. 소득이 감소하면 주택 수요는 줄어든다. 반면 주택 수요를 결정하는 인구, 가구 수, 소득은 추세적인 성격을 띤다. 즉 한번 변화되기 시작하면 같은 방향(증가하면 지속 증가, 감소하면 지속 감소)으로 일정시간 지속된다. 인구가 1년 만에 갑자기 증가하다가 줄어들지 않는다. 가구 수나 소득도 마찬가지다. 그러나 2008년부터 2010년까지 주택 수요는 매년 급변했다. 그렇다면 주택 가격을 결정하는 주택 수요는 추세적인 성격을 가진 인구, 가구 수, 소득이 아니라고 판단할 수 있다.

주택 공급도 살펴보자. 일반적으로 생각하는 주택 공급은 전체 주택의 양을 의미한다. 2016년부터 2021년까지 주택 가격 상승 원인은 주택 공급 감소에 있다. 그러나 같은 기간 주택 총량은 지속적으로 증가했다. 주택 공급을 아파트 분양, 입주 물량으로 판단할 수 있다. 그러나 서울의 아파트 분양과 입주 물량은 지속적으로 줄지 않고 증감을 반복했다. 주택 공급이 일반적으로 생각하는 분양과 입주 물량과 다를 수 있다는 점을 보여준다. 예를 들어 2011년 서울의 아파트 가격이 하락했다. 당시 주택 공급이 증가했기 때문이다. 2011년 서울의 아파트 입주 물량은 3만 7,500가구에 불과했다. 반면 공급 감소가 주택 가격 상승 원인이었던 2020년 서울 아파트 입주 물량은 약 5만 호에 달했다. 2011년 입주 물량이 줄었음에도 불구하고 공급 감소로 아파트 가격이 상승했다. 가격을 결정하는 주택 공급이 일반적으로 생각하는 주택량이 아니라는 증거다.

과거 아파트 가격과 거래량 변화 관계를 사례로 시장 변동 요인을 찾았다. 다시 말하지만 수요와 공급 변화가 가격을 변동을 일으킨다. 다만 주택 수요와 공급은 많은 사람이 일반적으로 생각하는 수요와 공급과는 성격이 다르다. 그렇다면 가격을 변화시키는 주택 수요와 공급은 어떻게 다른지 살펴봐야 한다.

가격을 움직이는
투자 수요

서울의 아파트 가격이 오르기 시작한 2014년의 주택 가격 상승 원인은 수요 증가였다. 2015년에도 수요 증가는 이어졌다. 2014년부터 무슨 일이 있었기에 주택 수요가 증가했을까? 과거와 다른 변화 요인이 있다면 다주택자 증가다. 통계청의 주택소유통계에 따르면 2015년부터 2주택 이상을 보유한 다주택자가 크게 증가하기 시작했다. 다주택자는 2015년 15만 8천 명 증가했고 2016년 10만 명, 2017년 14만 명씩 증가했다. 주택 매매 시점을 고려하면 2014년부터 다주택자들은 집을 한 채 더 사기 시작한 셈이다.

주택을 무려 스물한 채 이상을 보유한 다주택자는 2012년 5천 명 수준에서 2015년에는 12만 명 이상으로 증가했다. 다주택자 1인당

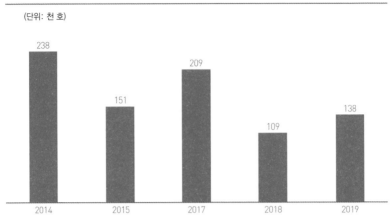

그림 3. 다주택자가 매수한 연도별 주택 수

(단위: 천 호)

2014	2015	2017	2018	2019
238	151	209	109	138

자료: 통계청

평균 1.5채의 주택을 매수했다고 가정하면 2014년과 2015년에 각각 약 20만 채 주택을 매수한 수치다. 수요 증가의 원인을 찾았다. 누군가 집을 한 채 더 사기 시작한 것이다.

왜 갑자기 사람들은 집을 한 채 더 샀을까? 가장 큰 이유는 부동산 규제 완화였다. 2014년 박근혜 정부는 분양가 상한제 폐지, 재건축 조합원 분양주택 수 제한 완화, 재건축 초과이익 환수유예, 즉 부동산 3법을 국회에서 통과시키고 부동산 경기 부양에 나섰다. 주택담보대출 규제도 대폭 완화해 LTV를 70%까지 적용했다.

개발 규제를 풀어주면서 대출이 확대되자 집을 한 채 더 사는 사람들이 늘어났다. 당연한 결과다. 다주택자들은 실수요가 아니라 투자 목적으로 집을 매수했을 가능성이 높다. 물론 아파트 두 채를 모두

집이 온다

사용하는 사람도 있을 수 있다. 그러나 당시에 유입된 다주택자의 수요는 대부분 투자 목적임이 분명하다.

만약 다주택자 중 누군가 임대를 주기 위해 집을 한 채 더 샀으니 투자 목적이 아니라고 주장한다면 매우 곤란하다. 임대 목적이든 매매를 통해 차익을 얻을 목적이든 모두 투자를 위해 집을 한 채 더 샀다는 사실은 분명하다.

투자 수요 증가는 2014년부터 시작된 주택 가격 폭등의 직접적인 출발점이 됐다. 주택은 다른 재화와 달리 소비의 대상도 될 수 있고 투자의 대상도 되는 독특한 성격을 띤다. 따라서 재화goods와 투자 목적의 자산assets이라는 이중적 성격 덕분에 수요를 판단할 때 혼란스러울 수 있다. 때로는 사용하기 위해서, 때로는 투자하기 위해서 주택을 매수할 수 있다. 다만 주의해야 할 것은 시장 변동을 일으키는 주요 원인은 투자 수요라는 점이다. 투자 수요를 인정해야 주택 가격 변동에 대해 이해할 수 있다.

2020년 경기도의 주택 가격 상승 이유는 수요 증가였다. 그런데 일반적인 투자 수요와는 다른 점이 발견됐다. 기존 투자 수요가 다주택자 중심이었던 반면, 2020년 경기도의 주택 가격을 상승시킨 수요는 무주택자를 중심으로 한 투자 수요 증가였다는 사실이다.

코로나19 이전 경기도 평균 실거래 주택 가격을 살펴보면 한 채당 3억 8천만 원이었다. 2020년에는 4억 9천만 원으로 28% 상승했고 거래량은 53% 증가했다. 경기도를 지역별로 나눠보면 차이를 발견할 수 있다. 가격 상승 추세 속에서도 호당 주택 가격이 낮을수록 거

표 3. 경기 지역 호당 아파트 가격과 거래량 증가와 가격 상승률(2019~2020)

(단위: 만 원)

지역	2019년	2020년	거래량 증가	가격 상승률	지역	2019년	2020년	거래량 증가	가격 상승률
경기도	38,299	49,001	53%	28%	포천시	14,371	14,876	38%	4%
양평군	25,766	27,227	49%	6%	부천시	37,335	43,855	-32%	17%
광주시	29,761	38,738	127%	30%	오산시	21,588	28,834	103%	34%
여주시	14,320	14,835	85%	4%	양주시	19,441	23,504	73%	21%
연천군	11,394	11,931	41%	5%	화성시	36,240	49,928	58%	38%
평택시	20,293	24,399	128%	20%	하남시	68,361	85,794	-9%	26%
안산시	27,125	35,128	66%	30%	구리시	47,528	61,871	17%	30%
고양시	36,522	48,354	91%	32%	수원시	38,592	50,881	18%	32%
성남시	85,783	106,776	-6%	24%	용인시	43,487	59,545	52%	37%
이천시	19,753	20,391	31%	3%	파주시	26,454	36,297	166%	37%
시흥시	25,802	33,185	88%	29%	과천시	135,700	148,277	-39%	9%
동두천시	13,987	14,713	59%	5%	군포시	34,443	41,778	60%	21%
광명시	55,514	71,164	30%	28%	안양시	48,295	59,601	31%	23%
의왕시	46,545	57,360	-32%	23%	남양주시	32,759	44,374	77%	35%
가평군	17,980	18,141	7%	1%	김포시	33,898	46,595	172%	37%
안성시	13,933	15,502	66%	11%	의정부시	25,687	31,233	70%	22%

자료: 국토교통부, 부동산 114

래량이 증가하는 반면, 가격이 높을수록 거래량은 감소했다. 2020년 거래량이 증가한 대표적인 지역은 김포시, 파주시, 평택시, 광주시, 오산시다. 즉 아파트 가격이 낮을수록 거래량이 증가했다. 반면 거래량이 감소한 과천시, 성남시, 하남시, 의왕시는 상대적으로 절대 가격이 높은 곳이다. 가격에 따라 거래량 차이가 커진 이유는 무주택자를 중심으로 상대적으로 가격이 낮은 곳에 투자 수요가 집중됐기 때문이다.

투자와 투기의 차이는 무엇인가

투자는 변화를 인정하고 투기는 변화를 인정하지 않는다. 2021년 LH(한국토지주택공사) 직원들이 경기도 시흥·광명에 위치한 신도시 예정지의 토지를 미리 매입해 전 국민의 공분을 샀다. 많은 사람이 부동산 투기라고 맹비난했다. 그런데 흥미롭게도 내부 블라인드에서 직원들이 "우리는 투자도 못 하냐!"라며 항변했다고 한다. 감정적인 분노는 잠시 접어두고 그들의 항의를 명확하게 짚고 넘어갈 필요가 있다. 그들의 행위는 투자였을까, 아니면 투기였을까?

투기는 변화를 인정하지 않는다. 공기업 직원들은 엄청나게 빚을 내어 땅을 샀다. 그들에겐 절대 변하지 않을 것이라는 확신이 있었다. 해당 지역이 분명히 개발된다는 사실을 알고 있었기 때문에 무리하게 대출을 받고 왕버드나무를 빽빽하게 심었다. 돈을 벌 수 있다는 절대적인 믿음이 있지 않고서는 불가능한 일이다. 이것은 명백한 투기다. 그들에게선 변화에 대한 두려움을 전혀 찾아볼 수 없다.

반면 투자는 변화를 인정한다. 오르던 가격이 떨어질 수 있고, 지금은 모두가 외면하는 부동산이라도 변화할 수 있다는 생각으로 접근하는 것이 투자다. 따라서 무리하게 대출을 받거나 무엇도 맹신하지 않는다. 언제든지 조심스럽게 행동하고 늘 상황이 변할 수 있다는 자세를 갖는다.

그러나 안타깝게도 부동산 시장에 뛰어든 대다수의 사람은 투자보다 투기에 집착한다. 지금의 상황이 영원히 변하지 않을 거라고 생각한다. 과거 집값의 변화와 사람들의 행동을 통해 그렇게 생각하게 된 근거를 추적해보자. 1987년 이전까지 국내 주택 가격은 공급 증가와 부동산 규제로 하락세를 보였다. 지속적으로 떨어지던 주택 가격은 1987년부터 회복하기 시작했고 이후 3년간 큰 폭의 상승세를 보였다. 결론적으로 1987년도는 내 집 마련을 하거나 부동산을 사기에 가장 좋은 해였다.

1987년 신문 기사를 통해 사람들이 부동산을 어떻게 바라보는지 엿볼 수 있다. 우선 '주택에 대한 인식이 재산 수단이 아닌 거주 개념으로 바뀌었다'는 내용의 기사가 눈에 띈다. 인터뷰에서 사람들은 "집을 가지면 귀찮다."라고도 말한다. 당시에는 이러한 분위기 속에서 집을 사기보다 임차하는 수요가 증가했고 그에 따라 전세 가격이 상승했다. 집값 하락을 경험한 사람들은 "집보다 차를 사야지!"라면서 차량 구매에 열을 올렸다. 당시는 고급차를 선호하는 젊은 세대를 위해 소나타가 처음 출시된 때였다.

그러나 1988년이 되자 집보다 비싼 차를 샀던 사람들에게 날벼락이 떨어졌다. 그해 가을에 부동산과 관련해 쏟아진 수많은 언론 보도 기사 제목 중 가장 많이 언급된 단어는 '집값 폭등'이었다. 이후 1990년까지 집값은 빠르게 상승했다. 다시 사람들은 집을 사기 위해 몰리기 시작했고 너도나도 집을 사야 한다며 대출(빚)을 받았다. 그리고 1997년 대한민국은 IMF 외환위기를 맞는다. 변화를 인정하지 않고 빚을 내어 집을 샀던 사람들은 버티지 못하고 급매물을 내놓았다. 많은 사람이 "이제 부동산은 끝났다."라고 이야기했다.

1999년부터 집값은 다시 급격하게 상승했다. 이후 무려 8년 이상 장기 호황이 지속됐다. 사람들은 또다시 집에 투기하기 시작했다. 영원히 변하지 않을 것이라는 믿음을 토대로 무리하게 대출을 받아 부동산을 샀다. 그러나 2010년부터 집값은 다시 하락했고 '하우스푸어'라는 신조어까지 등장했다. 가격 하락이 절정이었던 2013년에 사람들은 또다시 집보다 차를 이야기했다.

다시 말하지만 투기는 변화를 인정하지 않는다. 지금 가격이 오르면 영원히 오를 것처럼 생각하고 행동한다. 반대로 가격이 하락하면 놀란 가슴에 "절대 집을 사면 안 된다."라고 생각한다. 사든 사지 않든 모두 동일한 투기 심리의 발로다. 투자는 다르다. 변화를 인정한다. 언제나 상황은 변화할 수 있다고 생각한다. 또 유연하게 행동하고 조심스럽게 여러 가지 의견을 듣는다.

최근 집값이 가파르게 상승했다. 대다수 전문가가 지속적인 가격 상승을 전망했다. 이만큼 올랐으니 더 오를 것이라고도 이야기한다. 사람들은 마음이 급해졌고 빨리 사야 한다고 생각한다. 그래야 뒤처

지지 않는다고 믿는다. 이러한 마음과 행동은 투자일까, 아니면 투기일까?

투기를 통해 세상을 보는 사람이 많아질수록 '하우스푸어'는 많아질 것이고, 투자를 통해 세상을 보는 사람이 많아질수록 건강한 노후가 보장된 가계가 증가할 것이다. 투기라고 비난만 할 것이 아니라 왜 투기가 나쁜지 명확하게 알려줘야 한다. 그것이 전문가의 의무이자 옆집에서 같이 살아가는 사람으로서의 책임이다.

가계 부채가 급증했다. 그러나 지금이라도 늦지 않았다. 투자를 통해 스스로를 돌아볼 시간이다. "나는, 그리고 우리는 투자하고 있는가!" 그리고 "우리는 투자도 못 합니까!"라고 항변하는 이들에게 꼭 이야기해주고 싶다. "먼저 투자부터 제대로 배우세요."라고.

가격 폭등은
주택 공급 부족 때문이다?

최근 주택 가격이 폭등했다. 원인은 수요와 공급의 변화다. 전문가를 포함해 대다수가 가장 많이 이야기하는 가격 상승 원인은 수요와 공급 변화 중에서도 단연 공급 부족이다. 공급이 부족하기 때문에 가격이 폭등했다는 논리다. 이를 근거로 앞으로도 가격이 계속 상승할 것으로 예측한다. 단기간 내 주택 공급이 빠르게 증가할 가능성은 없기 때문이다. 사실상 공급을 단기간에 늘리기도 불가능하다. 확신에 찬 가격 상승 전망이다. 그들이 주로 이야기하는 주택 공급은 분양과 입주 물량을 의미한다. 새 아파트 공급이 감소했으니 가격이 상승했다는 논리에는 상당한 설득력이 있다. 공급이 줄어들었으니 가격은 당연히(?) 상승한다는 식이다.

그림 4. 연도별 서울 아파트 일반 분양 물량

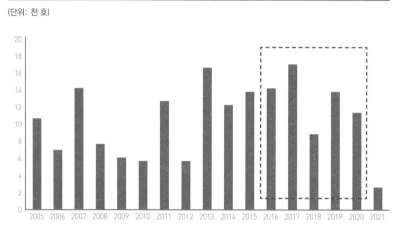

(단위: 천 호)

자료: 국토교통부, 통계청, 부동산 114

2016년부터 공급 감소로 인해 서울 아파트 가격이 상승했다. 그렇다면 어떤 공급이 감소했을까? 일반적인 공급으로 이야기하는 아파트 분양 물량부터 살펴보자. 주택 공급이 아파트 가격 상승 원인이었던 2016년부터 2020년까지 서울의 아파트는 연평균 1만 4천 호가 분양됐다. 2005년부터 2015년까지 연평균 분양 물량은 1만 1천 호였다. 2016년 이후 서울에는 과거 대비 분양 물량이 적지 않았다. 2021년을 제외하면 서울 아파트 분양 물량이 절대 적지 않았음을 확인할 수 있다(그림 4).

서울뿐만 아니라 전국 아파트 분양 물량도 감소하지 않았다. 2016년부터 2021년까지 전국 아파트 분양 물량은 연평균 22만 8천 가구였다. 2005년부터 2015년까지 연평균 아파트 분양 물량 18만

집이 온다

그림 5. 연도별 서울 아파트 입주 물량

(단위: 천 호)

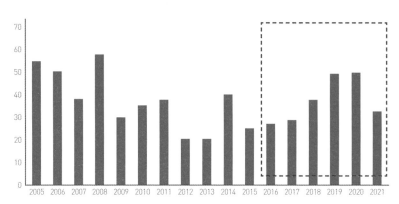

자료: 국토교통부, 통계청, 부동산 114

7천 가구 대비 최근 분양 물량은 오히려 크게 증가했다. 심지어 분양 물량이 일시적으로 증가한 2015년을 제외하면 과거 평균 분양 물량은 16만 8천 가구에 불과하다. 반면 2008년부터 2012년까지 주택 가격이 하향 안정화됐을 때 분양 물량은 장기 평균 대비 크게 감소했다. 일반적인 추정과 다르게 주택 가격이 오를 때 분양 물량은 증가했고, 주택 가격이 하락할 때 분양 물량은 줄어들었다.

그렇다면 아파트 입주 물량은 어땠을까? 2016년부터 2021년까지 서울 아파트 입주 물량은 연평균 3만 7천 호다. 공교롭게도 2005년 부터 2015년까지 서울 아파트 입주 물량도 연평균 3만 7천 호다. 아파트 입주 물량은 절대 감소하지 않았다. 오히려 2010년 이후를 감안하면 아파트 입주 물량은 증가했다(그림 5).

전국 아파트의 실정은 어땠을까? 2016년부터 2021년까지 전국 아파트 입주 물량은 연평균 37만 3천 호에 달했다. 반면 2005년부터 2015년까지 전국 아파트 입주 물량은 연평균 28만 호에 불과했다. 실상이 이러한데 공급 부족이 주택 가격 상승의 원인이라는 근거가 무엇인가?

주택 인허가 물량도 마찬가지다. 수도권 기준으로 2015년부터 2021년까지 아파트 인허가 물량은 연평균 116만 호에 이른다. 2007년부터 2014년까지 연평균 69만 호 대비 최근 아파트 인허가 물량은 평균 69% 이상 증가했다. 어디에도 주택 공급이 감소했다는 근거는 찾기 힘들다.

주택 공급 부족 때문에 가격이 폭등했다는 진단은 주택 건설 확대만이 유일한 해결책이라는 주장으로 연결된다. 가격 안정을 위해 주택을 더 많이 지어 공급량을 늘려야 한다는 주장은 근거가 명확하지 않을 뿐만 아니라 몇 가지 근본적인 문제점을 가지고 있다.

아파트 입주 물량이 집값에 영향을 미치기 위해서는 소유자가 물건을 팔 수 있어야 한다. 즉 입주 물량이 확대되면 시장에 매물이 증가하고 가격을 하락시켜야 한다. 그러나 입주 물량은 시장에 매물로 나오기 어렵다. 과중한 양도세 때문이다. 양도세 감면을 받으려면 장기로 거주하고 보유해야 한다. 집을 소유한 사람이 팔 의사가 없는 주택은 시장 가격 결정에 직접적인 영향을 미치지 않는다. 그뿐만 아니라 원초적으로 입주권을 가지고 있는 사람들은 대부분 무주택자들이다. 집을 가지고 있지 않기 때문에 입주 물량이 증가한다고 해서 매물이 증가하지 않는다. 따라서 입주 물량 증감이 매물에 미치는 영향은 미미하다.

물론 주택을 엄청나게 짓다 보면 언젠가는 가격이 안정될 수 있다. 그렇다면 공급량을 얼마나 늘려야 하는가? 200만 호가 충분한지, 300만 호는 부족한지 기준이 불명확하다. 그뿐만 아니라 시간도 문제. 5년 동안 100만 호 공급하는 것과 10년 동안 200만 호 공급하는 것의 차이는 무엇인가? 좀 더 근원적인 한계점이 있다. 주택 공급을 무한정 늘리기가 불가능하다는 점이다. 집을 지을 수 있는 토지는 한정돼 있고 시간도 오래 걸린다.

다시 돌아가보자. 2016년부터 2021년까지 서울 아파트 가격이 급격하게 상승했다. 이유는 공급 감소였다. 최근 들어 급격하게 감소한 공급의 원인은 새로 짓고 분양하고 입주하는 아파트가 아니었다. 과연 무엇이 원인이었을까?

주택 가격에 직접적으로 영향을 미치는 원인이 되는 공급은 시장에 내놓는 주택의 양이다. 팔려고 시장에 내놓는 물량이 증가하면 주택 공급이 증가한다. 매물로 내놓았던 주택을 거둬들이면 공급은 감소하게 된다. 즉 단기 주택 가격에 더 큰 영향을 미치는 공급은 매물로 내놓는 공급량의 변화다. 매물이 증가하면 가격은 하락하고 매물이 감소하면 가격은 상승하게 된다. 의심의 여지가 없을 만큼 너무나 당연한 논리적인 연결이다.

통계적으로 매물을 측정하기는 쉽지 않다. 간접적으로 측정할 수 있는 방법이 바로 거래 회전율이다. 거래 회전율은 아파트 거래 건수를 해당 단지의 총합으로 나눈 값(단지별 실거래 건수 / 해당 단지 세대수 총합)이다. 아파트 단지가 1천 호인 경우 2021년 30채가 거래됐다면 거래 회전율은 3%로 계산된다. 전체 거래량보다 거래 회전율을 통해 매물의 적정한 증감을 살펴볼 수 있다.

예를 들어보자. A 단지는 아파트가 총 100호다. 현재 팔 의사가 있어 매물로 내놓은 물량은 열 채다. 매수 의사를 가진 사람은 10명이다. 매물로 내놓은 아파트 가격은 모두 5억 원이다. 반면 매수하려는 사람 중 3명은 6억 원, 3명은 5억 원, 나머지 4명은 4억 원에 집을 사려고 한다. 그렇다면 해당 시점에 거래되는 아파트는 모두 여섯 채다. 따라서 거래 회전율은 6%(6/100)가 된다.

부동산 시장 가격이 오른다는 뉴스가 많이 보도되자 매도하는 사람들이 가격을 6억 원으로 올렸다고 가정하자. 그렇다면 거래량은 세 채로 줄게 되고 거래 회전율은 3%로 하락한다. 반대로 주택 가격이 하락할 가능성이 높다고 판단하고는 빨리 팔기 위해서 아파트 매물 가격을 4억 원으로 내린다면 거래량은 열 채로 증가하고 거래 회전율은 10%로 상승한다. 즉 매수(수요)가 고정돼 있다고 가정하면 매도의 적극성(매물 가격 변동) 여부에 따라 거래 회전율이 결정된다. 거래 회전율이 높을수록 집을 가지고 있는 사람들이 적극적으로 매도했다는 증거다. 반면 거래 회전율이 낮아졌다면 매물을 거둬들이거나 매물 가격을 인상시킨 것으로 해석할 수 있다.

공급 감소가 주택 가격 상승 원인이었던 2016년부터 서울 아파트 거래 회전율이 지속적으로 하락하기 시작했다. 2015년 10%였던 거

집이 온다

그림 6. 서울 아파트 거래 회전율과 실거래 상승률 비교

(단위: %)

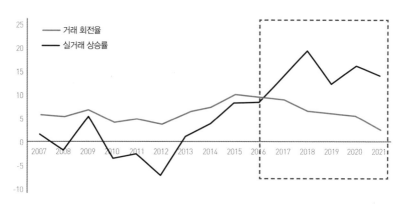

자료: 국토교통부, 통계청, 한국부동산원

래 회전율이 2020년에는 5.4%로, 급기야 2021년에는 2.6%로 떨어지게 된다. 거래 회전율 하락, 즉 거래 가능한 주택 매물 감소가 가격 상승의 결정적인 이유였다.

경기도를 포함한 수도권도 매도 물량 감소가 주택 가격 상승 원인이었다. 경기도의 거래 회전율은 2015년 10.5%에서 2021년 5.5%로 감소했다. 전국도 마찬가지다. 거래 회전율 감소가 지속적으로 이루어졌다. 결국 최근 집값 상승은 집을 가지고 있는 사람들이 매물을 감소시켰기 때문에 발생했다고 해석된다.

매도 가능한 물량은
얼마나 될까

주택 매도 물량을 판단하려면 대한민국 주택은 누가 얼마나 가지고 있는지에 대한 면밀한 검토가 필요하다. 2020년 기준 우리나라 총 주택 수는 1,853만 호다. 아파트는 1,166만 호로 전체 주택에서 63%를 차지한다. 전체 주택에서 잠재 매도 물량은 직접 거주하지 않는 주택일 가능성이 높다. 직접 거주하면 매도가 쉽지 않기 때문이다. 물론 교체하기 위해 매도하는 경우도 있다. 그러나 교체하는 경우 매도와 매수가 동시에 일어나기 때문에 전체 거래 시장에 미치는 영향은 제한적일 가능성이 크다.

그렇다면 우리나라 전체 주택에서 매도가 가능한 주택은 얼마나 될까? 우선 실거주하지 않고 투자 목적으로 집을 보유하고 있는 경우 매도 물량으로 판단할 수 있다. 대표적으로 다주택자 물량이다.

주택 1,853만 호를 보유하고 있는 주택 소유자는 1,469만 명이다. 전체 주택 수보다 주택 소유자가 적은 이유는 다주택자 때문이다. 2020년 기준으로 다주택자는 232만 명에 이른다. 주택을 가지고 있는 사람들 중에 15.8%(유주택자 6명 중 1명이 다주택)가 다주택자인 상황이다. 소유자 기준 1인당 평균 소유 주택수는 1.09호다.

다주택자가 보유한 주택 수는 얼마나 될까? 다주택자들이 단순하게 2주택만 보유하지 않고 3호부터 51호 이상도 보유하고 있기 때문에 정확한 추정은 힘들다. 그러나 각 보유 건수에서 거주 주택을 제외하고 공동 소유를 반영하지 않으면 다주택자가 보유한 주택은 약 381만 호로 추정된다. 전체 주택에서 약 21%, 즉 열 채 중에 두 채를 다주택자가 보유하고 있는 실정이다. 주택 381만 호는 소유자가 직접 거주하고 있지 않기 때문에 언제든지 매물화될 수 있는 물량이다. 다주택자뿐만 아니라 1주택자임에도 투자 목적으로 거주하지 않는 집을 보유한 경우도 존재한다.

전국 기준으로 전/월세로 임대된 주택 수는 673만 호다. 이 중에서 다주택자가 보유한 주택 381만 호를 제외하면 약 292만 호는 1주택자가 보유했으나 거주하지 않고 전/월세로 임대한 물량이라고 판단할 수 있다. 따라서 1주택자가 보유했으나 투자 목적으로 소유해 매도가 가능한 주택 물량은 292만 호로 추정된다.

전체 주택 1,853만 호 중에서 다주택자가 보유한 381만 호는 매도가 상대적으로 용이한 물량으로 판단된다. 전체 주택에서 약 21%에 해당하는 수치다. 반면 1주택자가 보유했음에도 불구하고 실거주하고 있지 않기 때문에 매도가 가능한 물량은 292만 호로 전체 주택에서 16%를 차지한다. 다주택자와 1주택 투자 물량을 합치면 전체 주택에서 약 37%가 매도가 가능한 물량으로 판단할 수 있다.

　주택 유통 시장에서 매도 물량(공급)은 투자 목적으로 집을 보유한 사람들에 의해서 결정된다. 투자 목적 보유 물량은 전체 주택 기준으로 무려 37%에 해당된다. 부동산 시장을 이해하기 위해 알아야 할 것은 매도 공급 물량이 다주택자만으로 결정되지 않는다는 점이다. 1주택자 경우에도 투자 목적으로 보유하고 있기 때문에 매도 물량을 결정하는 데 중요한 역할을 한다. 따라서 1주택자에 대한 세금 완화 등 정책이 강화되면 매도 물량이 감소할 수 있다.

Think It

어떤 집의 가격 변동성이 클까

한국 주택 시장은 매도 물량에 따라 가격 변동성이 커질 가능성이 크다. 따라서 외지인 소유 주택 비중이 높을수록 매도 물량 변동이 커진다. 전국 기준 개인이 소유한 주택 1,594만 호 중에서 주택이 위치한 시·도에 살지 않는 사람이 소유한 주택은 215만 호다. 따라서 215만 호는 투자로 보유한 주택이며 상황 변화에 따라서 언제든지 매도할 가능성이 존재한다.

서울은 전체 주택 264만 호 중 16%인 41만 5천 호를 서울시에 거주하고 있지 않은 개인이 소유하고 있다. 서울에서 타 시·도 거주자 소유 주택 비중이 가장 높은 지역은 용산구 21.5%, 강남구 19.8%, 마포구 18.1%, 서초구 17.9%, 송파구 17.7%로 조사된다. 타 시·도 거주자 소유 주택 비중과 가격 상승률을 살펴보면 외지인 소유 비율이 높을수록 상대적으로 높은 상승률을 보였다. 즉 투자 수요가 증가했다는 의미다.

그림 7. 연도별 서울 아파트 입주 물량

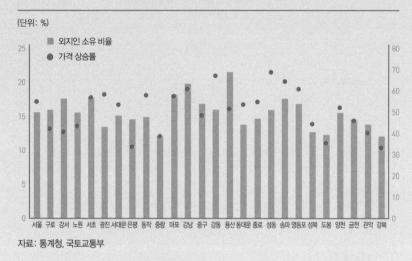

(단위: %)

■ 외지인 소유 비율
● 가격 상승률

자료: 통계청, 국토교통부

　매물(공급) 변화만을 가정한다면 외지인 소유 비율이 높은 지역일수록 주택 가격 변동성이 커질 수 있다. 전국에서 외지인 소유 비율이 높은 지역은 세종시로 비율이 34%에 달한다. 세종시는 개인 소유 주택 총 10만 9천 호 중에서 3만 6,867호를 외지인이 소유하고 있다. 시·도 중에서는 충남 17.5%, 인천 16.7%, 서울 15.7%, 강원 15.2% 순으로 전국 평균보다 외지인 소유 비율이 높다. 특징적으로 제주도는 제주시가 9.6%, 서귀포시가 17%로 서귀포시에 특히 더 외지인들이 주택을 많이 보유하고 있다.

표 4. 시·도별 주택 외지인 소유 비율 차이

지역	외지인 소유 비율	시·도 평균과 차이	지역	외지인 소유 비율	시·도 평균과 차이
전국	13.5%				
서울	15.7%		부산	9.8%	
종로구	14.6%	−1.1%	중구	11.6%	1.8%
중구	16.9%	1.2%	해운대구	11.1%	1.3%
용산구	21.5%	5.8%	강서구	12.5%	2.7%
성동구	16.0%	0.3%	기장군	13.1%	3.3%
광진구	13.5%	−2.2%	대구	10.2%	
동대문구	13.8%	−1.9%	중구	11.5%	1.4%
중랑구	12.1%	−3.7%	동구	11.6%	1.5%
성북구	12.8%	−2.9%	수성구	11.6%	1.5%
강북구	12.1%	−3.6%	인천	16.7%	
도봉구	12.3%	−3.4%	중구	25.1%	8.3%
노원구	15.5%	−0.2%	부평구	17.0%	0.3%
은평구	14.6%	−1.1%	계양구	17.0%	0.2%
서대문구	15.2%	−0.5%	광주	12.8%	
마포구	18.1%	2.4%	동구	13.6%	0.8%
양천구	15.6%	−0.1%	서구	12.8%	0.0%
강서구	17.6%	1.9%	남구	13.8%	1.0%
구로구	15.9%	0.2%	대전	13.8%	
금천구	14.5%	−1.2%	유성구	14.9%	1.0%
영등포구	16.9%	1.2%	대덕구	13.1%	−0.7%
동작구	14.9%	−0.8%	울산	7.8%	
관악구	13.8%	−1.9%	중구	7.0%	−0.8%
서초구	17.9%	2.2%	북구	6.4%	−1.4%
강남구	19.8%	4.1%	울주군	9.9%	2.1%
송파구	17.7%	2.0%	세종	34.0%	
강동구	16.0%	0.3%	세종시	34.0%	34.0%
경기	13.0%		강원	15.2%	
수원시	10.1%	−2.9%	춘천시	11.1%	−4.1%
성남시	14.7%	1.7%	평창군	30.2%	15.0%
의정부시	13.2%	0.2%	양양군	23.9%	8.7%

안양시	11.5%	−1.5%		충남	17.5%	
부천시	14.1%	1.1%		계룡시	25.5%	7.9%
광명시	18.6%	5.6%		당진시	18.5%	1.0%
평택시	16.1%	3.1%		전남	14.5%	
안산시	10.0%	−3.1%		나주시	25.7%	11.2%
고양시	15.2%	2.2%		광양시	15.0%	0.5%
과천시	20.5%	7.5%		담양군	25.8%	11.3%
구리시	14.3%	1.3%		장성군	24.9%	10.4%
남양주시	15.2%	2.2%		경남	10.3%	
오산시	10.3%	−2.7%		거제시	10.7%	0.3%
시흥시	13.5%	0.5%		양산시	17.8%	7.4%
군포시	11.5%	−1.5%		창원시	6.3%	−4.0%
의왕시	11.7%	−1.3%		남해군	19.0%	8.6%
하남시	17.6%	4.6%		합천군	19.7%	9.3%
용인시	12.6%	−0.5%		충북	13.7%	
파주시	13.1%	0.1%		충주시	14.9%	1.2%
이천시	10.1%	−2.9%		전북	10.0%	
안성시	11.6%	−1.4%		전주시	6.8%	−3.2%
김포시	15.5%	2.5%		경북	14.0%	
화성시	9.1%	−3.9%		포항시	10.1%	−3.9%
광주시	9.5%	−3.5%		제주	11.7%	
포천시	12.1%	−0.9%		제주시	9.6%	−2.1%
여주시	11.8%	−1.2%		서귀포시	17.0%	5.3%

자료: 국토교통부

왜
안 팔았는가

2016년부터 매도 물량 감소가 주택 가격 상승의 결정적인 원인이 됐다. 서울뿐만 아니라 경기와 전국에도 같은 현상이 발생했다. 그렇다면 왜 2016년부터 집을 가진 사람들은 매물을 감소시켰을까? 시장에 팔기 위해 내놓는 아파트 물량이 크게 감소한 이유는 무엇일까?

부동산 정책 영향이 가장 컸다. 주택 보유자는 부동산 정책에 민감하게 반응한다. 출발은 민간 임대 사업자 활성화 정책이었다. 박근혜 정부 때부터 민간 임대 사업자에 대한 혜택이 확대됐다. 2014년에는 기준 시가 3억 원 이하이며 국민 주택 규모 이하의 소형 주택을 3호 이상 보유하고 5년 이상 임대한 경우 민간 임대 사업자로 등록하면 소득세와 법인세 20%가 감면되는 법이 도입됐다. 이후 2016년에는 기준 시가가 6억 원으로 인상되고 소득세·법인세 감면이 30%로 확대됐다. 그뿐만 아니라 8년 이상 임대한 주택에 대해 50~70%까지 양도세를 감면해줬다.

민간 임대 사업자 활성화 제도는 문재인 정부 들어서 더욱 강화됐다. 2017년에는 민간 임대 사업자로 등록해 의무 임대 조건을 충족하면 공시 가격 6억 원 이하인 경우 양도세 중과와 종합부동산세 합산을 배제하는 정책이 도입됐다.

민간 임대 사업자 활성화 정책은 주택 가격이 상승하는 상황에서 다주택들에게 세금을 회피할 수 있는 수단으로 활용됐고 그에 따라 민간 임대 주택 등록이 급증하기 시작했다. 등록 민간 임대 주택 현황을 살펴보면 2015년 59만 호였던 임대 주택이 2016년에는 79만 호, 2017년 98만 호, 2018년 136만 호, 2019년 151만 호로 크게 증가했다(그림 8). 4년간 약 92만 호가 신규 임대 사업 주택으로 등록됐다. 2019년 기준으로 전체 주택에서 8.3%가 임대 주택으로 등록됐다. 민간 임대 사업자로 등록하면 자연스럽게 매물이 감소할 수밖에 없다. 의무 임대 기간을 충족해야 세금 혜택을 받기 때문이다.

주택 임대차 시장을 안정시키고 임차인을 보호하기 위해 도입된 민간 임대 사업자 혜택 강화 정책은 다주택자를 중심으로 한 세금 회피 방법으로 사용됐다. 문제는 세금 회피를 넘어 주택 시장에 영향을 줬다는 점이다. 다주택자를 중심으로 한 민간 임대 사업자 등록이 증가하면서 매물이 감소했고 집값 상승의 직접적인 원인이 됐다.

집값 상승 원인이 임대 사업자 보호 정책에 있다는 의견에 대해 임

집이 온다

그림 8. 민간 임대 주택 증감 추이

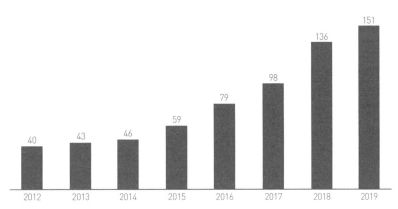

(단위: 만 호)

자료: 국토교통부

대 사업자 모임인 대한주택임대인협회는 정면 반박했다. 전체 임대 주택에서 아파트 비중은 16%에 불과해 시장에 미치는 영향이 미미하다고 주장한다. 아파트 비중이 적기 때문에 전체 시장에 미치는 영향이 적을 수 있다. 그러나 전체 주택 기준이 아니라 매매 시장에서 차지하는 비중을 고려해야 한다.

공개된 자료에 따르면 2021년 12월 기준 등록 임대 주택으로 등록된 아파트는 서울 6만 6,844호, 경기 7만 6,680호, 전국 30만 6,168호로 파악된다. 전체 아파트 규모 대비 크지 않는 비중이다. 그러나 매매 시장 측면에서 보면 다르다. 2021년 기준 서울에서 실거래된 아파트 거래 건수는 3만 9,248세대에 불과하다. 매매 시장을 기준으로 하면 임대 주택으로 등록된 아파트가 상당한 비중을 차지하

그림 9. 임대 개시 연도 기준, 등록 임대 아파트 현황

(단위: 호)

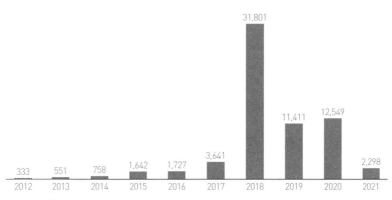

자료: 국토교통부

고 있음을 파악할 수 있다. 연도별 서울 아파트 등록 임대 주택 임대 개시일을 보면 2018년에 3만 1,801호의 아파트가 등록됐다(그림 9).

개별 단지로 보면 더욱 심각한 상황이다. 서울 아파트 단지별로 조사하면 표본으로 정한 25개 아파트 단지의 평균 임대 주택 등록 비율은 7%에 달했다. 2021년 거래 회전율이 2%에 불과한 상황에서 임대 주택이 전체 주택의 7%나 등록돼 있다는 것은 극심한 매물 감소를 의미한다. 예를 들어 644호인 아파트 단지에 70호가 임대 주택으로 등록돼 있고 2021년 거래량은 약 14건으로 파악된다(표 5). 연간 20건이 거래되는 아파트에 70호가 임대 아파트로 등록돼 있는 상황이다. 결국 등록 임대 아파트 확대가 아파트 거래 시장에 영향을 줬을 가능성이 높다고 판단된다.

집이 온다

표 5. 서울 아파트, 개별 단지 임대아파트 등록 현황

주소	세대 수(호)	임대 주택등록(호)	임대비율	1년 거래량(호)
서울 강남구 강남대로146길 28	644	70	11%	14
서울 강남구 개포로 516	1,060	92	9%	22
서울 강남구 개포로 109길 21	822	114	14%	17
서울 강남구 개포로109길 9	1,758	251	14%	37
서울 강남구 광평로51길 27	645	56	9%	14
서울 강남구 삼성로 212	4,424	183	4%	93
서울 강남구 삼성로111길 8	926	71	8%	20
서울 강남구 압구정로 321	936	52	6%	20
서울 강동구 고덕로 210	2,400	136	6%	48
서울 강동구 명일로 172	800	37	5%	16
서울 강동구 상암로 11	2,938	160	5%	59
서울시 강서구 강서로 266	2,517	92	4%	83
서울시 강서구 강서로56나길 37	1,016	85	8%	33
서울시 강서구 공항대로39길 74	1,045	77	7%	34
서울시 관악구 난곡로 55	2,265	60	3%	70
서울시 관악구 성현로 80	3,544	120	3%	109
서울시 광진구 광나루로 545	854	51	6%	19
서울시 광진구 뚝섬로 569	656	43	7%	15
서울시 구로구 구일로4길 22	726	71	10%	22
서울시 구로구 도림로 59	1,285	84	7%	38
서울시 노원구 노원로 532	2,830	205	7%	84
서울시 마포구 월드컵북로 235	3,710	313	8%	91
서울시 서초구 서초대로74길 30	408	28	7%	10
서울시 송파구 올림픽로35길 104	2,100	87	4%	35
서울시 용산구 효창원로 17	1,102	59	5%	27

자료: 국토교통부

민간 임대 사업자 활성화뿐만 아니라 세금 정책도 매도 물량 감소의 원인이 됐다. ㈜아실이 제공하는 아파트 매물 증감 현황을 보면

흥미롭다. 2020년 1월부터 월별 서울 지역의 매물 증감을 보면 2020년 6월까지 아파트 매매 물량이 약 7만 건 이상으로 유지됐다. 이후 7월 이후부터는 4만 건대로 40% 이상 급감했다.

정부는 2019년 12월 16일 주택 시장 안정화 방안을 통해 조정 대상 지역 내 다주택자 양도소득세 중과를 한시적으로 배제했다. 조정 대상 지역에서 다주택자 매도를 유도하기 위해 10년 이상 보유한 주택을 2020년 6월까지 양도하는 경우 한시적으로 양도소득세 중과 배제 및 장기 보유 특별 공제를 적용하기로 했다. 이 정책은 일시적으로 매도 물량을 증가시켜 시장의 안정을 유도하기 위해서 도입됐다. 그러나 부작용이 컸다. 일시적으로 매물이 증가하지 않았을 뿐만 아니라 정책에 대한 기대감만 높이면서 오히려 6월이 지나고 7월부터는 매물이 크게 감소했다. 정책이 의도한 대도 시장 매물이 움직이지 않음을 단적으로 보여주는 좋은 예다.

정부는 기간을 정해 다주택자가 그 사이에 집을 팔면 양도소득세 중과를 배재해줬다. 정책 목적은 분명했다. 다주택자들이 절세를 위해 단기에 매물을 증가시키면 가격이 안정화될 수 있을 것이라 판단했다. 그러나 결과는 정반대로 나타났다. 다주택자들은 매물을 내놓기는커녕 한시적인 감면 기간이 끝나자 오히려 매물을 감소시켰다. 2020년 주택소유통계에 따르면 집을 두 채 이상 보유한 다주택자는 232만 명으로 2019년보다 3만 6천 명이나 증가했다. 게다가 코로나19 때문에 낮아진 기준 금리와 우려보다 크게 부담되지 않았던 종합부동산세로 인해 집을 투자 목적으로 보유한 사람들은 매도보다 보유하기로 결정했다.

　민간 임대 사업자에 대한 혜택 확대, 양도세뿐만 아니라 오락가락한 종합부동산세도 매물을 줄이는 역할을 했다. 정책에 대한 불확실성이 작용하면서 집을 가지고 있는 사람들은 팔기보다 보유를 선택했다. 매물은 감소했고, 주택 가격 폭등의 중요한 원인이 됐다.

패닉 수요,
누구의 잘못인가

코로나19 이후 대한민국 부동산 시장에서 일어난 독특한 현상은 20, 30대 주택 수요 증가다. 2021년 서울 아파트 매매 거래 현황(한국부동산원)을 연령별로 살펴보면 20, 30대 매수 비중이 40% 이상으로 조사됐다. 역대 최고 수준이다.

팬데믹이 시작되면서 젊은 세대의 주택 수요가 갑자기 증가한 이유는 무엇일까? 무엇보다 심리적인 요인이 컸던 것으로 판단된다. FOMO Fear Of Missing Out라는 심리 현상이 있다. 쉽게 말해 나만 소외됐다는 두려움이다. 지속적으로 부동산 가격이 상승하면서 20, 30대를 중심으로 부동산 시장에서 소외될지 모른다는 두려움이 커졌다.

서울연구데이터서비스의 자료에 따르면 Y세대(1985~1996년 출생)는

그림 10. 세대별 가구당 거주 주택 금액

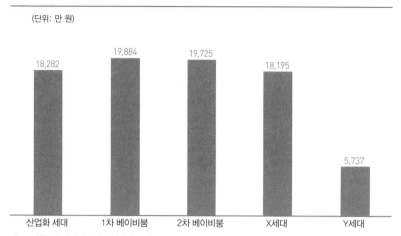

(단위: 만 원)

자료: 서울연구데이터서비스 인사이트 리포트

X세대(1975~1984년 출생), 2차 베이비붐 세대(1965~1974년 출생), 1차 베이비붐 세대(1955~1964년 출생) 그리고 산업화 세대(1940~1954년 출생)와 비교해 부동산(거주 주택) 자산이 현저히 적은 수준이다(그림 10).

부동산 자산이 적은 20, 30대는 부동산 가격이 상승하자 가장 소외되고 위기를 느꼈다. 이제라도 집을 사야 한다는 두려움이 커졌다. 집값 상승으로 자산 불평등이 확대되고 있는 상황에서 정부는 강력한 대출 규제(2019년 12월 16일) 정책을 펼쳤다. 순자산이 적은 Y세대로서는 대부분 대출을 통해 주택을 매수할 수밖에 없다. 20, 30대는 정부의 대출 규제 정책에 분노했다. 주거와 부의 사다리를 걷어찼다며 목소리를 높였다. 소외될 수 있다는 두려움, 불공정하다는 분노로 인해 Y세대는 적극적으로 주택 시장에 참여하기 시작했다.

Y세대는 두 가지 선택을 하게 된다. 첫째, 주택 매수를 위해 순자산의 상당 부분을 차지하고 있는 전세자금을 활용했다. 2020년 1월부터 5월까지 30대의 시중은행 전세자금대출이 3조 원 증가했다. 40대 1조 원, 50대 0.5조 원 대비 세 배 이상 증가한 규모다. 전세자금대출은 대부분 주택 매입 자금으로 쓰였다고 판단된다. 즉 현재 살고 있는 전세금을 담보로 대출을 일으켜 주택을 매입했다.

둘째, 대출이 가능한 아파트를 매입하는 것이다. 코로나19 이후 경기도 일부 지역에서 아파트 매매 거래가 급증했다. 2020년 아파트 실거래 신고 건수를 보면 2019년 대비 두 배 이상 증가한 지역은 김포시, 파주시, 평택시, 광주시, 오산시였다. 거래량이 증가한 지역은 공통적으로 아파트 호당 가격이 상대적으로 낮아서 대출이 가능하고 서울로 출퇴근이 가능한 곳이었다. 서울에서도 노원구에 Y세대 주택 수요가 집중됐다. 2020년 노원구 아파트의 평균 거래 가격은 5억 원으로 서울 전체 평균보다 상대적으로 가격대가 낮았다. 아파트 가격에 따라서 대출 규제가 적용되자 Y세대는 대출이 가능한 중저가 아파트 매수에 집중했다(12.16 대책에서 주택 가격 기준 대출 규제가 시행됐다. 서울의 경우 15억 원 이상은 대출 불가, 9억 원 이상은 초과분에 LTV 20% 적용, 9억 원 이하는 LTV 40%가 적용됐다).

코로나19 이후 20, 30대는 대출을 적극적으로 일으켜 아파트 매수에 나섰다. 영끌이 유행어가 됐다. 과연 이러한 공포 수요는 누구의 잘못이었을까? 정부는 Y세대의 패닉 수요를 진정시키고자 3기 신도시를 중심으로 분양 물량을 대폭 증가시키겠다고 발표했다. 그러나 공포에 질린 세대를 진정시키기에는 어려웠다. 발표된 물량이 부족했기 때문이 아니다. 청약 시장에서 공정성 문제가 제기됐다. 분양을 아무리 많이 해도 주택청약제도를 통해서 분양하는 구조에서는 젊은 세대가 충분한 공급을 받기 어렵기 때문이다.

주택청약제도는 1977년부터 시작됐다. 이후 기본적으로 대한민국에서 공급되는 모든 아파트는 주택청약제도를 통해 입주자를 모집했다. 주택청약제도가 빚어낸 젊은 세대의 불공정 문제는 8.2 부동산 대책으로 크게 불거졌다. 이후 투기 과열 지구에서 중소형 아파트 추첨제 입주자 선정 비율이 0%가 되자 가점이 낮은 30, 40대는 청약을 포기하고 유통 시장에 뛰어들기 시작했다. 당첨자의 청약 가점이 만점에 가까운 상황에서 30, 40대가 청약 시장에서 집을 마련하기란 사실상 어렵게 된 것이다.

한편 20, 30대가 분노에 차서 부동산 매수를 하는 동안 법인과 다주택자는 아파트를 매도하기 시작했다. 2020년부터 법인 매도가 증가했고, 2021년에는 다주택자수가 오히려 줄어들었다. 이러한 현상은 과거에도 있었다. 아파트 가격이 크게 상승했던 2006년에도 아파트 거래량이 급증했다. 집값이 급등하자 다주택자는 집을 팔았고 집이 없었던 무주택자가 주택을 샀다. 이후 6년 이상 집값은 하락했고 젊은 하우스푸어가 양산됐다.

아파트 청약을 전부 추첨으로 한다면?

청약 가점은 무주택 기간과 부양가족 수 그리고 입주자 저축 가입 기간을 통해 계산된다. 우선 무주택 기간은 1년 단위로 2점부터 시작해 각각 2점씩 주어진다. 예를 들어 무주택 기간이 10년 이상 11년 미만이라고 하면 '2+(10×2)=22점'이다. 최대 점수는 32점으로 무주택 기간이 15년 이상일 때 주어진다. 32점을 초과할 수 없다.

　부양가족 수는 6명 이상일 때 최대 35점이 주어진다. 부양가족 수가 0명일 때는 5점, 1명 10점, 2명 15점, 3명 20점, 4명, 25점, 5명은 30점이다. 입주자 저축 기간에 따라서도 청약 가점이 달라진다. 입주자 저축 가입 기간이 6개월 미만일 때 1점이 주어지고 1년 미만일 경우 2점으로 계산된다. 이후 가입 기간 1년마다 1점이 추가된다. 예를 들어 입주자 저축 기간 10년 이상 11년 미만일 경우 10점에다 2점을 더해(가입연수+2) 가점이 계산된다. 최대 점수는 15년 이상일 경우 17점이다. 주택 기간과 부양가족 수 그리고 입주자 저축 기간을 합산해 최종 청약 가점이 계산되고 만점은 84점이다.

2021년 상반기 서울에서 분양된 아파트 6곳의 85㎡ 이하에 당첨된 청약자들의 가점은 평균 67점이었다. 부양가족 수가 3명일 경우 67점의 가점을 받으려면 청약 저축 가입 기간 가점을 만점인 17점으로 가정했을 때 무주택 기간이 14년 이상이 돼야 한다. 남성 평균 초혼 연령인 28세를 감안하면 40세가 넘어야 청약에 당첨될 수 있다. 10~30대가 자연스러운(?) 과정을 통해 얻을 수 있는 점수가 아니다.

청약 점수 가점을 살펴보면 정책의 목표가 분명해 보인다. 무주택 기간을 통해 무리하게 집을 매수하지 않아도 되고 부양가족이 많을수록 우대해주겠다는 점이다. 청약 가점 제도는 분양 시장에서 나름 공정한 제도로 인식됐다. 그러나 집값이 상승하고 분양가 상한제를 통해 청약 당첨이 로또로 인식되면서 청약 제도가 공정한가에 대한 의문이 커지고 있다. 청약 가점제를 세대별로 고려하면 젊은 세대에게 공정하지 못한 제도다. 아무리 노력해도 얻을 수 있는 점수가 아니기 때문이다. 또한 불임 세대 등 불가피한 상황을 감안하면 불공정한 면이 있다고 판단할 수 있다.

그렇다면 향후 아파트 청약을 전부 추첨으로 하게 되면 어떨까? 오랫동안 무주택자 자격을 유지하면서 높은 청약 점수를 가지고 있는 사람들은 크게 반대하겠지만 공정한 청약 시장을 만들기 위해서 추첨 비율은 지속적으로 상승시킬 필요가 있다.

또한 입찰제도 고려해볼 필요가 있다. 특히 강남 재건축을 중심으로 엄청난 로또 분양이 이루어지고 있다. 분양가 상한제라는 공익 목적의 규정을 통해 청약을 받은 개인이 독점적인 이익을 보고 있다. 게다가 강남에 거주하고 싶은 희망자들끼리 경쟁해서 입찰해 분양받는다. 건설비를 제외한 분양 금액은 주거 취약층을 위한 복지 재원으로 활용할 수 있다는 판단에서다. 2014년 이후 2021년까지 서울에서만 재건축과 재개발을 통해서 아파트 약 7만 호가 일반 분양됐다. 분양가 상한제 적용을 통한 시세 차익이 10조 원 이상 발생됐다. 10조 원은 누군가의 호주머니로 들어갔다.

무슨 일이
벌어졌는가

코로나19 이후 주택 가격 상승은 비단 우리나라만의 문제가 아니다. 2020년 이후 대부분의 선진국에서 주택 가격이 상승했다. 집값 상승의 결정적인 이유는 경기 부양을 위해 도입된 저금리와 확장적 통화 정책 때문이다. 주택담보대출 이자율이 떨어질수록 주택 가격은 상승하는 경향을 띤다. 심리 영향까지 더해져 팬데믹은 금리와 집값 사이의 관계를 더욱 강화시켰다.

팬데믹으로 인한 주택 가격 상승은 국가별로 상이하게 나타난다. 2020년 주택 가격의 상승이 빨랐던 국가는 캐나다, 룩셈부르크, 덴마크, 영국, 프랑스였다. 상대적으로 가격 상승률이 높았던 국가들은 공통적으로 팬데믹 이전에도 주택 가격이 지속적으로 상승하고 있었다. 즉 갑자기 흐름이 바뀐 것이 아니라 주택 가격이 상승하는 추세에서 팬데믹으로 인해 상승 폭이 커진 것이다. 한국도 마찬가지 흐름이었다.

유동성 확대뿐만 아니라 팬데믹 이후 나타난 글로벌 공통 현상은 주택 시장에서 20, 30대를 중심으로 한 밀레니얼 세대(1981년에서 1996년 사이 태어난 세대)의 주택 수요가 증가한 점이다. 젊은 세대는 베이비붐 세대와는 다르게 주택 소유를 덜하게 될 것이라고 예측됐다. 그러나 2020년 이후 전 세계적으로 밀레니얼 세대의 주택 수요가 확대됐다. 미국 같은 경우 전체 주택 대출의 절반 이상을 밀레니얼 세대가 차지했다.

젊은 세대가 주택 시장에 새로운 수요 계층으로 부각되면서 고가 주택보다 중저가 주택의 가격 상승세가 높아졌다. 다른 세대와 다르게 상대적으로 소득이 낮고, 모기지 대출 여력이 크지 않기 때문에 구매 가능한 중·저가 주택으로 수요가 몰려들었기 때문이다.

밀레니얼 세대의 주택 수요 증가는 사실 금리 인하와 유동성 확대와도 밀접한 연관이 있다. 밀레니얼 세대는 다른 세대와 비교해 자산 규모가 작기 때문에 주택을 구매하기 위해서는 더 많은 대출이 필요하다. 따라서 다른 세대보다 주택 수요가 금융 시장과 더욱 밀접하게 연관돼 있다.

집값을 전망할 때 글로벌 흐름을 읽는 것도 매우 중요하다. IMF가 발간한 보고서에 따르면 2018년 이후 글로벌 부동산 가격 동조화가 빨라지고 있는 것으로 조사된다. 특히 선진국 주요 도시의 집값 동조

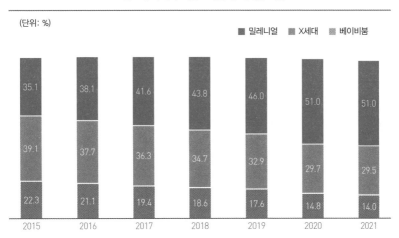

그림 11. 미국 주택담보대출의 세대별 비중

(단위: %)

■ 밀레니얼　■ X세대　■ 베이비붐

	2015	2016	2017	2018	2019	2020	2021
밀레니얼	35.1	38.1	41.6	43.8	46.0	51.0	51.0
X세대	39.1	37.7	36.3	34.7	32.9	29.7	29.5
베이비붐	22.3	21.1	19.4	18.6	17.6	14.8	14.0

자료: CoreLogic

화는 더욱 가속화되고 있다. 금융위기 이후 유동성이 확대되고 글로 벌 주택 가격 상승이 지속되면서 전 세계 집값의 변화 양상은 유사한 모습을 보이고 있다.

코로나19가 전 세계를 휩쓸었다. 각국 중앙은행은 돈을 풀었고 금 리를 낮추었다. 젊은 세대는 대출을 통해 집을 사기 시작했다. 대부 분 국가에서 집값이 상승했다. 이제는 반대의 일이 일어나고 있다. 인플레이션에 대응하기 위해 금리를 인상하는 국가가 많아지고 있 다. 한국을 포함해 영국, 브라질, 체코, 러시아 등은 이미 금리를 올리 고 있다. 미국과 캐나다도 금리 인상 대열에 참여했다. 금리 인상뿐 만 아니라 채권 매입 축소 등 통화 긴축에 들어갔다.

유동성 확대와 금리 인하가 글로벌 주택 가격 상승의 가장 직접적

PART 1. 다시, 집값을 전망한다

인 원인이라는 점에는 반론이 크지 않다. 그렇다면 이제 반대로 유동성이 축소되고 금리가 인상되면 주택 가격은 어떻게 변하게 될까? 미국을 비롯해 많은 국가들의 주택 거래량이 감소하고 있다. 급등한 가격에 수요가 줄고 있는 상황이다. 미래를 읽기 위해서는 큰 흐름을 읽을 필요가 있다. 큰 판을 읽는 사람만이 불황을 이겨낼 수 있다.

집이 온다

왜
틀렸는가

2018년에 전망한 바로는 2019년부터 집값이 약세를 보이고 이후 하락할 것이라고 했다. 실제로 2019년 초부터 집값은 하락하기 시작했다. 그러나 2019년 말부터 집값은 다시 빠르게 상승했고 2020년 코로나19 이후 잠시 주춤했다가 주택 가격이 폭등했다. 해당 기간 동안 전망은 틀렸다. 왜 틀렸는지 변명을 하려는 것은 아니다. 왜 틀렸는지를 숙고하고 반성하기 위해서다. 그리고 반성하는 사람이 더 성장할 수 있다고 믿는다.

　2019년 이후 집값 하락을 전망했던 이유는 2018년 주택 가격 상승 원인이 매물 감소에 있었기 때문이다. 주택 가격 상승 원인이 매물 감소라면 주택 가격이 고점일 가능성이 높다. 그뿐만 아니라 종합

부동산세 등 세금 강화로 인해 이후 매물이 증가할 것으로 예측했다. 즉 안 팔아서 가격이 올랐으니 앞으로는 파는 물량이 증가할 것이라고 전망했다. 그러나 예측은 틀렸다.

현실이 전망과 달랐던 직접적인 이유는 코로나19라는 변수다. 코로나19라는 희대의 바이러스가 출몰할 거라고는 전혀 예상하지 못했다. 예측 가능한 일이 아니었다고 생각할 수도 있다. 그러나 그보다 시장을 전망하는 애널리스트로서 큰 실수를 범했다. 과거에만 지나치게 의존해 미래를 전망한 측면이 있다. 대표적으로 실거래가 신고된 2006년부터 2018년까지 아파트 가격을 분석하면 변동 흐름을 읽을 수 있다고 판단했다.

변화의 흐름은 다음과 같이 전개될 것으로 예측했다. 투자 수요가 증가한다. 가격이 오르면서 실수요도 증가한다. 이후 매물이 감소한다. 가격이 급등한다. 이후 높아진 가격으로 투자 수요가 감소한다. 이후 실수요가 줄어들고 기대 수익률이 하락하면서 집을 가지고 있던 사람들이 집을 팔기 시작한다. 가격이 하락하면 다시 투자 수요가 증가한다.

투자 수요 증가 → 가격, 거래량 회복 → 실수요 증가 → 가격 상승, 거래량 증가 → 매물 감소 → 가격 상승 폭 확대, 거래량 감소 → 투자 수요 감소 → 가격 상승세 둔화, 거래량 감소 → 실수요 감소 → 가격 하락, 거래량 급감 → 매물 증가 → 가격 하락 폭 확대 → 투자 수요 증가 변동 흐름에서 중요한 역할을 하는 것은 매물의 감소와 증가다. 즉 매물이 감소하면 가격 상승 폭이 확대되는데 이때 가격이 고점일 가능성이 높다. 반대로 매물이 증가하면 가격 하락 폭이 확대되는데 그 시점이 바닥일 가능성이 높다.

2008년부터 아파트 실거래 가격 하락이 시작됐다. 그렇다면 2007년의 주택 가격이 고점이었을 가능성이 크다. 2007년의 특징이라면 주택 매물이 크게 감소했다는 것이다. 부동산 매물을 간접적으로 측정할 수 있는 서울 아파트 거래 회전율을 보면 2007년에 5.9%를 기록했다. 2006년에 무려 12.5%였던 거래 회전율이 급감한 것이다. 매물 감소, 즉 공급이 줄어들면서 2007년 가격이 상승했고 이후에 가격이 하락했다.

2018년에도 유사한 현상이 일어났다. 집값이 상승하는 가운데 거래 회전율이 9%대에서 6%대로 하락했다. 즉 매물이 감소해서 가격이 오른 것이다. 나는 개인적으로 6%대 거래 회전율이 주택 가격 고점 신호라고 생각했다. 그때 당시에는 꽤 합리적인 판단이었다. 그러나 현실은 달랐다. 특히 코로나19 이후 거래 회전율은 6% 아래로 하락했다. 주택 매물이 시장에서 더 줄어들 수 있다는 것을 보여줬다. 즉 주택을 가지고 있는 사람들은 집을 더욱더 팔지 않았다.

이후 코로나19로 인해 금리가 낮아지고 유동성이 확대되고 있음에도 불구하고 전망을 바꾸지 않았다. 코로나19가 단기간에 끝날 것이라고 기대(?)했기 때문이다. 그러나 세상은 생각한 것보다 훨씬 더 빠르게 변했고 대응했고 움직였다.

시장에 대한 나의 예측은 틀렸다. 그럼에도 불구하고 한국 부동산 시장은 다시 변화한다. 왜 틀렸는가라고 다시 묻는다면 한국 부동산 시장에 나타난 투자화와 금융화의 심화 현상을 제대로 이해하지 못한 결과였다고 생각한다. 투자화와 금융화된 부동산 시장에서 심리 영향이 더해지고 그에 따라 예상치 못한 결과로 이어졌다.

핑계를 대는 사람은 승부와 가장 먼 사람이다. 전망을 하면 할수록 예측은 힘들어진다. 그러나 투자에서 예측과 전망을 피할 수 없다. 나는 애널리스트로서 약보합, 보합같이 애매한 단어로 예측을 희석하지 않으려고 노력한다. 예측과 정확히 맞추는 것은 다르다고 생각한다. 다만 인과관계를 정확히 파악해 확률 높은 전망을 할 뿐이다.

최근 집값이 급등한 원인을 찾았다. 투자 수요 증가와 매물 감소가 원인이었다. 부동산 시장이 투자화·금융화되면서 시장 변화가 가속화됐다. 그렇다면 이후 한국 부동산 시장은 어떻게 변화할 것인가.

Part 2.

현재 시점에서 정확한 미래 예측은 불가능하다. 미래는 불확실하기 때문이다. 사실 미래는 예측하는 것이 아니고 대응하는 영역이다. 미래에 대응하기 위해서는 어떤 일이 확실하게 일어날지에 집중하기보다 어떤 일이 일어날 확률이 가장 높은지를 고민해야 한다. 부동산 시장 전망도 마찬가지다. 가격이 몇 % 오르거나 내릴 것인지에 집중하기보다 어떤 일이 발생할 가능성이 높은지에 대해 판단해야 한다.

어떻게
될 것인가?

주택 수요가
급격하게 줄어든다

대다수가 기회를 잡지 못한다. 기회를 잡지 못하는 이유는 미래 예측을 잘못해서가 아니다. 발생할 수 있는 여러 가능성보다 한 가지 예측에만 집중했기 때문이다. 시장에서는 모든 일들이 일어나고 있고, 일어날 수 있다. 월드컵 경기에서 우승팀 예측을 틀렸다고 해서 우승팀이 없는 건 아니다.

부동산 시장도 마찬가지다. 부동산 시장이 호황일 때도 가격이 빠지는 곳이 있고, 불황일 때도 주택 가격이 오르는 곳이 있다. 기회를 잡고 대응하기 위해서는 예측보다 어떤 일이 일어날 확률이 높은지에 대해서 관심을 집중해야 한다. 다양한 관점에서 분석하고 장기적으로 생각하며 편견과 편향을 극복하고 숫자와 자료를 통해 어떤 일이 일어날 확률이 높은지에 대해 집중해야 한다. 향후에는 지금까지와는 다른 부동산 시장이 형성될 가능성이 높다. 그렇다면 지금 시점에서 앞으로 무슨 일이 일어날 확률이 높을까?

보유세 부담이 가중되자 다주택자들은 집을 팔기보다 증여에 나섰다. 증여로 인해 주택 매물이 증가하기보다 오히려 줄어들자 종합부동산세 등 보유세 무용론이 제기됐다. 그러나 중요한 점을 놓쳐선 안 된다. 증여로 인해 주택 수요가 줄어들고 있다는 점이다. 보유세가 강화되기 시작한 2018년부터 2021년까지 증여된 아파트는 30만 호에 이른다(그림 12). 연간 아파트 분양 물량에 해당되는 아파트가 증여됐다. 다주택자들이 아파트를 시장에 팔기보다 증여하자 매물이 감소하고 오히려 가격 상승 요인이 되기도 했다.

매물 감소의 원인인 증여는 이제부터 수요 감소를 불러올 가능성이 크다. 한국의 부동산 투자는 부모로부터 구전口傳을 통해 이루어지는 경우가 많았다. 부동산을 통해 큰돈을 번 부모가 자식들에게도 부동산 투자를 해야 한다고 말하면서 자금을 건네주는 경우가 흔했다. 자식들도 부모의 도움을 받아 집을 샀다. 그런데 2018년부터 양상이 바뀌었다. 부모가 돈을 지원해주는 대신 집을 주기 시작했다. 돈보다 집을 증여해주면서 잠재 수요를 줄이고 있는 상황이다.

주택 증여뿐만 아니라 금리 인상도 주택 수요를 줄이는 이유가 될 전망이다. 자산 시장의 투자화에 따라 가격이 지속적으로 상승하려면 높은 가격에도 불구하고 누군가 계속 사줘야 한다. 부동산 시장도 마찬가지다. 그렇다면 미래 수요를 측정할 때 구매 여력을 중요하게

그림 12. 아파트 증여 건수

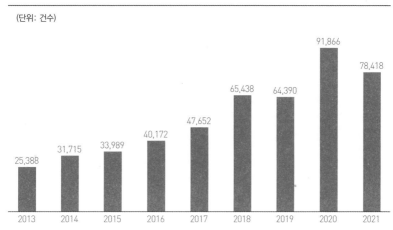

(단위: 건수)

- 2013: 25,388
- 2014: 31,715
- 2015: 33,989
- 2016: 40,172
- 2017: 47,652
- 2018: 65,438
- 2019: 64,390
- 2020: 91,866
- 2021: 78,418

자료: 한국부동산원

생각해야 한다. 주택 구매 여력을 가늠하기 위해 주택 구입 부담 지수를 살펴보자. 주택 구입 부담 지수는 중간 소득 가구가 표준 대출을 받아 중간 가격 주택을 구입하는 경우 상환 부담을 나타내는 지수다. 예를 들어 지수가 100일 경우 소득 25%를 주택구입담보대출 원리금 상환으로 부담한다는 의미다. 따라서 숫자가 커질수록 부담도 커진다.

주택 구입 부담 지수(K-HAI)

= 대출 상환 가능 소득/중간 가구 소득(월)×100

= (원리금 상환액/DTI)/중간 가구 소득(월)×100

계산 방식에 따르면 주택 가격이 오르고, 금리가 상승할수록 주택 구입 부담 지수는 상승한다. 당연하다. 가격이 오르고 이자율이 상승하면 소득에서 지출되는 상환 부담이 지속적으로 커지기 때문이다. 반면 소득이 증가하면 지수는 하락한다. 주택금융연구원 자료에 따르면 2021년 3분기 주택 구입 부담 지수는 전국 73.5, 서울 182, 경기 102.2를 기록했다(그림 13).

대출 규제 또한 주택 수요를 줄이는 이유다. 2022년부터 DSR 규제가 강화된다. 총 대출금액이 2억 원을 초과할 경우 DSR 40%(은행권 기준) 규제가 적용돼 대출 한도가 줄어든다. 2022년 7월부터는 1억 원 이상 대출자에게도 40% 한도가 적용된다. DSR은 대출자의 소득 대비 전체 금융 부채의 원리금 상환 비율을 의미하는 것으로 연간 총부채 원리금 상환액을 연간 소득으로 나누어 산출한다.

DSR 규제로 인해 주택 대출 한도는 소득에 따라 결정된다. 기존 주택 대출은 LTV, 즉 주택의 담보 가치에 따라 결정됐다. 그러나 이제는 DSR을 적용하면서 자산 담보 가치뿐만 아니라 소득도 주택 대출을 받는 데 중요한 기준이 된다. DSR 규제는 한국 주택 시장 수요에 큰 영향을 미칠 것으로 예상된다. 오랫동안 한국 주택 시장에서는 소득이 많지 않아도 주택 담보 대출을 받기가 어렵지 않았다. 주택 대출 기준이 소득보다 주택 가격에 더욱 맞추어져 있었던 덕분이다. 심지어 소득이 없어도 주택 담보 대출이 가능했다. 그러나 이제 소득이 없으면 대출이 불가능하고 주택 시장에 참여할 수 없다. 그만큼 주택 수요가 감소할 가능성이 큰 상황이다.

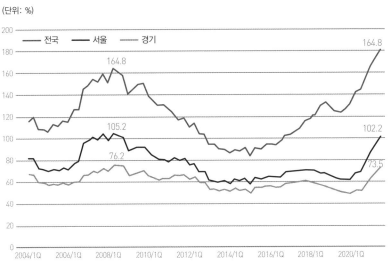

그림 13. 주택 구입 부담 지수 증감 추이

(단위: %)

자료: 한국주택금융공사

승여, 수택 가격 상승, 대출 규제 그리고 금리 인상으로 인해 주택 수요가 감소하고 있다. 수요가 감소하면 거래가 줄어들고 가격 상승률이 둔화되기 시작한다. 부동산 시장 수요는 독특한 성격을 가지고 있다. 수요가 줄어들어 가격 상승률이 떨어지고 하락 추세를 띠면 수요가 더욱 감소한다. 부동산 시장이 투자화돼 있기 때문이다. 일반 재화 시장은 가격이 하락하면 수요가 증가한다. 반대로 가격이 상승하면 수요가 감소한다. 투자 시장은 가격이 상승하면 더욱 가격이 오를 것으로 기대하면서 가격이 오를수록 수요가 증가한다. 반대로 가격이 하락하면 더 하락한다는 기대 혹은 우려가 커지면서 수요는 더욱 줄어들게 된다.

PART 2. 어떻게 될 것인가

데이터 분석하는 방법

일반적으로 데이터는 두 가지 방법을 통해 측정한다. 데이터 성격에 따라 주어진 한 시점point of time에서 측정할 때가 있고, 일정 기간period of time 동안 측정해야 할 때도 있다. 상품의 수요량처럼 일정 기간을 기준으로 증감의 변화 데이터를 유량flow이라고 부른다. 반면에 재산처럼 일정한 시점을 기준으로 측정하는 재화의 양을 저량stock이라고 한다. 주택 구입 부담 지수는 저량을 통해 측정한다. 측정 방법뿐만 아니라 분석할 때도 유량법과 저량법의 차이를 알아야 한다.

　보통 어떤 데이터를 분석해 판단할 때 두 가지 방법을 사용한다. 첫째, 한 시점에서 분석하는 방법이다. 예를 들어 주가를 분석할 때 삼성전자와 애플 주가를 한 시점에서 비교할 수 있다. 저량법을 통한 대표적인 데이터 분석이다. 반면 삼성전자 주가를 과거부터 현재까지 비교해 데이터를 판단하는 방법이 유량법이다. 쉽게 생각해 2010년부터 2022년까지 삼성전자와 애플의 주가 흐름을 비교하면 된다. 데이터를 분석할 때에는 저량법과 유량법을 명확하게 구분해야 한다. 그래야만 현명한 투자 판단이 가능하다. 2021년 1월 삼성전자 주가에 대한 기사(파이낸셜뉴스, 2021년 1월 12일)를 보자.

"애플보다 저평가··· 삼성전자, 9만 원도 덜 온 것"

삼성전자가 9만 원선을 돌파한 지 하루 만에 소폭 조정 국면에 들어갔다. 시장 일각에서는 단기 급등에 따른 차익 실현 매물이 쏟아질 것이란 우려도 나오고 있지만, 글로벌 경쟁 업체 대비 주가수익비율PER은 여전히 낮아 추가 상승에 무게를 둔 분석이 이어지고 있다.

12일 한국거래소에 따르면 이날 삼성전자는 유가증권 시장에서 전 거래일 대비 0.44% 하락한 9만 600원에 거래를 마쳤다. 전일 장중 9만 6800원까지 치솟았던 삼성전자의 주가는 외국인과 기관 투자가의 동반 순매도가 이어지며 하루 만에 고점 대비 6% 넘게 하락했다.

증시 전문가들은 "단기 급등에 따른 일시적 조정"이라는 주장을 내보이며 삼성전자에 대한 투자의견을 유지했다. 특히 지난해 연간 기준 주당순이익EPS을 대입한 삼성전자의 이날 종가 기준 PER은 23.32 수준으로 "글로벌 경쟁업체 대비 싸다"는 분석이다.

통상 PER이 낮으면 이익에 비해 주가가 낮은 것으로 해당 기업은 저평가 돼 있다고 판단된다. 반대로 PER이 높으면 이익에 비해 주가가 높아 고평가 대상이 된다.

최근 미국 증시에서 주가가 급등세를 보인 애플은 최근 종가(128.98달러) 기준 PER이 39.08에 달한다. 시장조사업체 톰슨로이터 I/B/E/S(아이

비이에스)가 집계한 대만 TSMC 대비 삼성전자의 PER은 0.6배다. 현재 삼성전자 PER이 TSMC 대비 66.5%가량 할인됐다는 의미로 지난해 말부터 시작된 삼성전자의 급등세에도 극단적 저평가 구도는 여전하다는 해석이 나온다.

2021년 1월, 삼성전자 주가가 9만 원을 돌파한 이후 주가가 하락했다. 투자자들은 이후 주가가 상승 전환할 것인지, 반대로 하락할 것인지에 대해 큰 관심을 가졌다. 기사 내용을 보면 증시 전문가들은 삼성전자 주가가 상승할 것으로 예측하면서 애플 주가와의 비교를 근거로 들었다. 애플 주가와 비교하면 삼성전자 주가가 저평가돼 있기 때문에 상승할 여력이 충분하다는 의견이었다. 저량법을 통한 데이터 분석이 판단 근거였다.

그러나 중요한 건 유량이었다. 당시 삼성전자 주가는 주당 5만 원에서 9만 원으로 상승했고, 애플은 주당 90달러에서 130달러로 상승한 상황이었다. 즉 삼성전자 주가 상승률은 80%였고 애플 주가 상승률은 40%였던 것이다. 2021년 1월, 저량 관점에서는 애플과 비교하여 삼성전자 주가에 상승여력이 있다는 판단이 가능했다. 그러나 유량으로 판단하면 삼성전자 주가가 애플보다 빠르게 상승했기 때문에 좀 다른 고민이 필요한 시점이었다.

합리적인 판단을 하기 위해서는 현재 시점에 대한 평가뿐 아니라 유량을 통해 흐름을 읽을 필요가 있다. 유량법을 사용하면 변화와 사이클에 관심을 갖게 되고, 유연한 대응을 가능하게 한다. 10만 전자를 외치던 사람들은 2022년 4월 삼성전자 주가가 7만 원 밑으로 내려와 52주 신저가를 형성한 상황을 보며 어떤 생각이 들었을까? 유량 관점에서는 오히려 9만 원 삼성전자보다 7만 원 삼성전자가 더욱 합리적이란 판단이 가능할 수 있다.

부동산 분석에서도 비슷한 혼동이 자주 발생한다. 극단적인 예를 들어보자. A와 B 아파트가 있다. 현재 A 아파트는 10억 원이고 B 아파트는 8억 원이다. 특정 시점에서 판단하면 A 아파트가 비싸다고 생각할 수 있다. 그러나 기간으로 생각하면 판단이 달라질 수 있다. A 아파트는 최근 20% 가격이 상승하여 10억 원이 되었고, B 아파트는 무려 100%가 올라 8억 원이 되었다. 그렇다면 어떤 아파트가 비싸다고 할 수 있는가? 당연한 얘기지만 B 아파트다. 그러나 너무나 당연한 것 같은 이러한 판단을 현실에서는 외면하는 경우가 빈번하다.

저량뿐 아니라 유량을 통해 다양한 관점으로 세상을 바라보면 투자를 넘어 우리의 삶도 변할 수 있다. 평소 수학 50점 정도 맞던 아이가 어느 날 70점을 받아 왔다. 아이가 "엄마, 나 수학 70점 맞았어. 잘했지?"라고 했을 때, "뭐? 100점 맞아야지. 70점도 점수냐?"와 "우리 아들 잘했네, 점수가 무려 40% 상승했구나. 축하해. 짱이야!" 어떤 답이 아이들의 미래를 바꾸게 할지 진지하게 고민해보자.

매도 물량,
변동이 커진다

2022년 상반기 주택 수요가 감소하면서 거래가 크게 줄어든 바 있다. 하지만 집값은 수요가 줄어든다고 해서 바로 하락하지 않는다. 싸게 파는 사람이 없다면 거래만 성사되지 않을 뿐이다. 주택 시장에서 가격 하락에 대한 우선권은 매도자가 갖는다. 그럼 집을 가지고 있는 사람들은 언제 집을 팔까?

집을 팔 수 있는 사람들을 떠올려보자. 첫 번째 분류는 다주택자와 법인이다. 다주택자와 법인은 직접 거주하지 않기 때문에 언제든지 매도할 수 있다. 보유세와 금리 인상으로 인해 매도할 가능성은 더욱 높아진다.

2021년 기준으로 다주택자 중 종부세를 고지받은 사람은 54만

7천 명에 이른다. 역대 최고 규모다. 주택 가격 상승도 원인이겠지만 다주택자가 증가한 것이 근본적인 원인이다. 다주택자가 보유한 종부세 대상 아파트는 약 110만 호로 추정된다. 종부세가 강화될수록 매물로 전환될 수 있는 물량이다. 주택 시장이 안정됐을 때 종합부동산세 대상 주택은 약 53만 호 수준이었다. 다주택자 매물이 최대 60만 호 이상 줄어들 수 있다는 말이다. 매물 60만 호라면 2021년 주택 거래 162만 호의 37%에 해당되는 상당한 물량이다.

민간 임대 주택 중 의무 임대 기간이 끝난 주택도 매물로 나올 가능성이 크다. 2021년 말 기준으로 4년 이내 단기 임대된 주택이 22만 5천 호다. 임대 의무 기간 개시일에 따라 종료 기간이 다르겠지만 향후 2년간 의무 기간이 종료되고 매도가 가능한 주택은 약 15만 호 이상으로 추정된다. 1주택자 중에서 투자 목적으로 보유하고 있는 주택도 언제든지 매도 물량으로 나올 수 있다. 특히 집값이 하락하기 시작하면 1주택자 매도 물량도 크게 증가할 가능성이 높다.

한국 부동산 시장은 장기간 상승한 집값에 따른 기대 심리, 정책, 과도하게 증가한 투자 수요로 인해 매도가 가능한 주택 물량이 유례없이 확대됐다. 매도가 가능한 주택 물량은 종부세 대상 다주택자 물량 60만 호, 민간 임대 주택 15만 호, 1주택자 투자 주택 물량은 약 45만 호로 추정된다. 다주택자 물량, 민간 임대 주택과 1주택자 투자 주택을 합산하면 잠재적인 매도 가능 물량은 약 120만 호다. 120만 호의 향배에 따라 한국 부동산 가격이 크게 변동될 수 있다.

수요가 줄어든 상황에서 매도 물량에 따라 집값이 변화한다면 무

그림 14. 경기 지역 아파트 실거래 가격 월별 변동률

(단위: %)

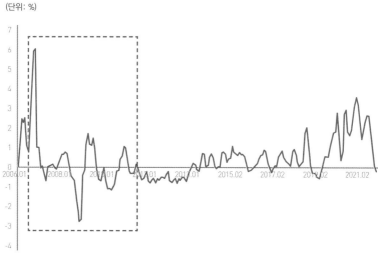

자료: 국토교통부

엇보다 변동성이 커진다. 주택 공급, 즉 매도 물량은 추세적인 모습을 보이지 않기 때문이다. 매도 물량은 일시에 크게 증가했다가 다시 감소하고 다시 증가했다가 다시 감소하는 패턴을 보인다. 2006년부터 2010년까지 매도 물량이 주택 시장을 움직였다. 해당 기간 경기도의 아파트 실거래 가격 월별 변동률을 살펴보면 짧은 기간에 변동폭이 커졌다(그림 14). 매도가 증가하면서 아파트 가격이 월간 2% 이상씩 하락하다가 매도 물량이 감소하면서 다시 1% 이상의 상승세를 보였다.

집 팔까? 말까? 기대 수익률이 결정한다

가격은 수요와 공급으로 결정된다. 수요가 많아지면 가격은 오르고 공급이 증가하면 가격은 하락한다. 즉 집을 파는 사람이 사는 사람보다 많다면 집값은 떨어질 가능성이 높다. 반면에 파는 사람보다 사는 사람이 많다면 집값은 상승할 것이다. 최근 빠른 가격 상승과 각종 규제로 인해 집을 사려는 사람이 줄고 있는 상황이다. 반면 집값 상승세는 지속되고 있다. 사는 사람이 줄고 있어도 파는 사람이 더 많이 줄고 있기 때문이다. 향후 집값을 전망하는 데 있어 집을 보유한 사람들이 집을 파느냐가 굉장히 중요한 변수가 될 수 있다.

　매도 물량을 전망할 때 우선 현재 우리나라에서 누가 집을 얼마나 가지고 있느냐에 대한 면밀한 분석이 필요하다. 우리나라 주택 수는 2019년 기준 총 1,812만 7천 호다. 이 중에서 아파트가 1,128만 7천 호로 62%를 차지한다. 반면 일반 가구 2,034만 3천 가구 중에서 주택을 소유한 가구는 1,145만 6천 가구로 전체 가구 중 56.3%가 집을 가지고 있다. 주택을 소유하지 않은 가구는 43.7%다.

여기서 주택 소유율에 대해 살펴보도록 하자. 주택 수는 1,812만 7천 호이고 가구 수는 2,034만 3천 호이므로 한 가구가 주택 하나씩만 가지고 있다면 단순하게 계산해서 주택 소유율은 89%가 넘어야 한다. 그러나 실제 주택 소유율은 56.3%에 불과한 상황이다. 어떤 가구는 집을 못 가진 반면, 어떤 가구는 집을 두 채 이상 가지고 있기 때문에 주택 소유율이 낮게 계산된다.

그렇다면 집을 두 채 이상 가진 가구는 얼마나 될까? 주택을 두 채 이상 보유한 가구는 317만 가구로 전체 가구의 16%에 해당한다. 집을 가진 가구 중 28%가 집을 두 채 이상 보유하고 있다.

현실적으로 집을 한 채 보유한 가구에서는 집을 팔기 쉽지 않으니 유통 시장에서 매도 물량(공급)을 결정하는 것은 집을 두 채 이상 보유한 가구일 가능성이 크다. 따라서 다주택자들의 매도 물량 증감 여부가 향후 집값을 좌우하는 데 결정적인 영향을 미칠 것이다.

다주택자들은 어떤 주택을 보유하고 있을까? 거주 목적 이외의 집을 한 채 더 가지고 있다면 거주보다 투자 목적일 가능성이 크다. 즉 돈을 벌기 위해 집을 한 채 더 샀다는 말이다. 이러한 관점에서 한국도시연구소의 보고서(2021년 1월 발표된 '임대 주택 등록제 현황 및 조세 등 개선 방안 마련')를 주의 깊게 살펴볼 필요가 있다.

한국도시연구소는 서울 주요 재건축 아파트의 등기부등본을 발급받아 단지별 실거주 비율을 조사했다. 강남구에 위치한 재건축 아파트는 실거주 비율이 31.5%, 노원구의 재건축 아파트는 실거주 비율이 12.5%에 불과했다. 즉 재건축 아파트일수록 실거주 비율이 낮은 것으로 조사됐다.

노후 주택 비율이 높은 우리나라 특성상 많은 다주택자가 재건축·재개발을 앞둔 주택을 투자 목적으로 보유하고 있다고 실증적으로 판단할 수 있다. 즉 다주택자들이 한 채 더 보유한 집은 향후 투자 수익률이 클 것으로 기대되는 재건축·재개발 대상 주택의 비중이 높다.

흥미로운 사실이 또 한 가지 있다. 우리나라는 자가 보유율이 자가 점유율보다 높다. 이는 1주택자임에도 거주하지 않는 주택을 많이 보유하고 있다는 의미다(자가 보유율은 전체 가구 대비 자기 집을 보유한 가구의 비중을, 자가 점유율은 자기 집에 거주하는 가구의 비중을 각각 뜻한다). 즉 1주택자 중에서도 투자 목적으로 집을 보유하고 있는 가구가 많은 상황이다.

결국 시장에 공급 가능한 집을 가진 능력자(?)는 투자 목적으로 집을 보유한 사람들이다. 투자 목적으로 집을 보유하고 있는 사람들이 집을 파느냐 계속 보유하느냐에 따라 향후 집값이 결정될 가능성이 크다.

투자 목적으로 집을 보유한 사람들이 집을 파느냐 혹은 팔지 않느냐를 결정하는 가장 중요한 결정 요소는 기대 수익률이다. 지금 집을 보유하고 있는데, 기대 수익률이 낮거나 혹은 마이너스라면 당장 집을 팔 것이다. 반면 기대 수익률이 높다면 집을 당장 팔 이유가 없다.

이러한 측면에서 최근 재건축을 중심으로 형성된 규제 완화 기대

감은 집을 보유한 투자자들의 기대 수익률을 상승시키는 결정적인 원인이 되고 있다. 특히 투자 목적으로 재건축 대상 아파트를 다수 보유하고 있는 상황에서 규제 완화 이슈는 기대 수익률을 더욱 상승시켜 매물을 줄이는 역할을 한다. 또한 양도세와 보유세 등 세금 완화 가능성도 기대 수익률을 올리는 효과를 발휘하고 있다.

단기적으로 집값이 안정되기 위해서는 매도 물량이 증가해야 한다. 그러나 지금처럼 집을 보유한 사람들이 기대 수익을 높게 생각하는 한 매도 물량이 늘어날 가능성은 적다. 사실 기대 수익을 인위적으로 낮출 수 있는 방법은 많지 않다. 기대 수익은 심리적인 측면이 강하기 때문이다. 그래서 부동산 정책도 쉽지 않은 상황이다. 유일하게 기대 수익률을 낮출 수 있는 방법은 조세 수단이다. 그러나 지금처럼 일관성을 유지하지 못한다면 조세 정책도 기대 수익률을 낮추기 어렵다.

최근 주택 시장과 정책을 보면 우리가 너무나 잘 알고 있는 이솝 이야기《해와 바람》이 떠오른다. 힘자랑을 하기 위해 해와 바람은 나그네의 겉옷 벗기기 시합을 한다. 세찬 바람은 나그네가 옷을 벗기는 커녕 더 여미게 만들었다. 반면 해는 더 강한 햇볕을 비추어 나그네가 옷을 벗도록 만들었다.

거센 바람 덕분에 주택 매도 물량이 증가하리라고 생각했지만 투자자들은 증여와 버티기로 옷을 더욱 여미기 시작했다. 매도 물량은 더욱 줄어들고 오히려 이제는 햇살이 비치리라는 기대감이 커지고 있다. 문제는 현실이 동화와 완전히 다를 수 있다는 점이다. 바람이 더욱 거세지고 있는데 마냥 버티고 있다가 태풍으로 변한 바람에 옷이 아니라 몸이 날아갈 수도 있다. 기다리던 해는 구름에 가려 안 올 수 있다. 하늘 아래 영원한 것은 없다. 부동산 시장을 이야기하면서 변화를 반드시 이야기해야 하는 이유다.

얼마나
하락할까

'수요 감소 → 매도 물량 증가 → 집값 하락'

사람들은 하락한다고 하면 몇 %나 하락할지 묻는다. 가장 어려운 질문이다. 솔직히 말하자면 하락의 방향성을 예측할 수는 있어도 몇 %가 하락할지 전망하기는 힘들다. 그럼에도 불구하고 가능성을 점검하는 차원에서 하락 정도는 이야기해볼 필요가 있다.

과거 아파트 가격이 하락할 때 어느 정도 하락했는지 살펴보자. 집값 하락이 컸던 2008년에 강남 대치동 은마 아파트 31평은 7억 500만 원에 거래됐다. 2006년 11월에 최고가 11억 6천만 원에 거래된 이후 거래 가격이 39% 하락했다. 은마 아파트뿐만 아니다. 도곡 렉슬 34평은 2006년 11월 10일에 15억 원에 거래되고 나서 2년이 지난 이후 9억 4천만 원으로 하락했다. 하락률은 37%였다. 최근 재건축 심의를 통과한 잠실주공5단지는 어땠을까? 잠실주공5단지 34평은 2006년 12월에 13억 6천만 원으로 최고점을 찍었다. 이후 지속적으로 하락하다가 2008년 12월에 7억 7천만 원으로 거래됐다. 무려 하락률이 43%다.

하락 폭도 중요하지만 어느 지역이 더 많이 빠질 것인지도 중요하다. 우선 잠재 매도 물량이 많은 지역에서 하락 폭이 커질 가능성이 높다. 그렇다면 투자 목적 보유자(다주택자+임대 사업자+1주택 보유자 투자 목적 보유)들은 어느 지역에 주택을 많이 보유하고 있을까?

주택 소재지별 타 지역 주택 보유 비율을 살펴보면 2020년 기준 평균 29.6%다(표 6). 개인이 보유한 서울 주택 254만 호 중에서 약 73만 호는 주택이 위치한 지역에 거주하지 않는 사람들이 보유하고 있다. 투자 목적으로 보유하고 있을 가능성이 매우 크다는 말이다. 서울시 구별로 타 지역 거주자 보유 주택 비율을 계산하면 가장 높은 지역은 용산구로 46%다. 그다음으로 중구 39.4%, 강남구 37.6%, 마포구 35.3%, 서초구 34.9%, 성동구 34.6% 정도다. 해당 지역은 향후 매물 증가로 인해 가격 하락 폭이 커질 수 있다. 반면 상대적으로 낮은 지역은 중랑구 22.6%, 도봉구 23.6%, 금천구 24.5%, 은평구 25.2%, 강북구 25.3% 순이다. 타 지역 거주자 보유 주택 비율이 낮은 곳은 상대적으로 집값이 안정적일 수 있다.

표 6. 서울의 타 지역 거주자 보유 주택 비율

구분	2016	2017	2018	2019	2020
서울	28.7%	28.5%	28.8%	29.4%	29.6%
종로구	31.2%	31.7%	31.7%	32.4%	32.5%
중구	38.1%	39.3%	39.8%	40.3%	39.4%
용산구	44.0%	44.6%	45.3%	46.1%	46.0%
성동구	31.9%	32.8%	33.3%	34.2%	34.6%
광진구	25.2%	25.1%	25.6%	26.3%	26.2%
동대문구	26.3%	26.4%	27.4%	28.6%	28.2%
중랑구	21.6%	20.9%	21.4%	22.1%	22.6%
성북구	25.6%	25.4%	25.3%	25.6%	26.1%
강북구	25.4%	25.0%	24.8%	25.3%	25.3%
도봉구	23.6%	23.3%	23.3%	23.3%	23.6%
노원구	27.3%	27.4%	27.6%	28.3%	28.4%
은평구	25.3%	24.5%	24.6%	24.9%	25.2%
서대문구	29.3%	29.0%	28.9%	30.1%	30.1%
마포구	34.8%	34.3%	34.4%	35.1%	35.3%
양천구	27.1%	26.7%	27.1%	27.8%	28.1%
강서구	27.6%	27.5%	28.0%	29.3%	30.5%
구로구	24.9%	24.8%	25.1%	25.7%	25.8%
금천구	21.7%	21.4%	23.0%	23.5%	24.5%
영등포구	30.9%	30.6%	30.8%	32.0%	32.2%
동작구	28.6%	28.2%	28.2%	28.9%	29.5%
관악구	24.1%	24.1%	24.4%	24.8%	25.3%
서초구	34.4%	34.6%	35.1%	35.4%	34.9%
강남구	38.4%	37.8%	38.0%	37.5%	37.6%
송파구	29.1%	29.4%	29.6%	29.9%	30.2%
강동구	27.5%	26.3%	27.0%	27.9%	28.2%

자료: 통계청, 국토교통부

표 7. 수도권의 타 지역 거주자 보유 주택 비율

	2016	2017	2018	2019	2020
경기	26.1%	25.9%	25.8%	25.7%	25.3%
인천	27.6%	27.0%	26.7%	26.9%	26.7%
수원시	27.0%	27.1%	27.6%	27.3%	28.0%
성남시	31.1%	30.6%	29.9%	29.9%	29.5%
의정부시	22.9%	22.8%	22.6%	22.3%	22.0%
안양시	24.8%	24.9%	24.7%	25.0%	25.8%
부천시	21.0%	20.4%	19.9%	20.1%	19.9%
광명시	25.4%	25.3%	25.9%	26.9%	28.4%
평택시	24.7%	26.5%	27.4%	28.4%	29.0%
동두천시	31.5%	31.1%	30.8%	30.9%	29.9%
안산시	22.7%	22.8%	23.7%	23.7%	23.8%
고양시	27.5%	28.3%	28.3%	27.8%	27.4%
과천시	37.7%	33.8%	35.8%	37.0%	35.8%
구리시	26.0%	25.4%	25.1%	25.6%	24.9%
남양주시	26.6%	27.4%	27.8%	25.9%	24.0%
오산시	27.6%	28.7%	27.3%	28.2%	27.4%
시흥시	26.7%	25.4%	25.6%	26.0%	25.5%
군포시	22.9%	23.1%	23.1%	23.5%	24.8%
의왕시	27.7%	27.4%	27.8%	27.9%	28.3%
하남시	26.9%	26.8%	26.3%	26.8%	27.9%
용인시	29.0%	28.3%	27.7%	27.4%	26.9%
파주시	26.2%	26.1%	25.0%	25.2%	24.4%
이천시	22.4%	21.9%	21.1%	20.7%	20.5%
안성시	26.1%	24.2%	24.5%	24.6%	24.0%
김포시	25.0%	23.7%	23.2%	23.8%	21.3%
화성시	25.9%	25.0%	24.7%	23.5%	22.4%
광주시	25.6%	23.9%	23.6%	23.1%	21.3%
양주시	27.1%	27.3%	26.1%	25.5%	23.9%
포천시	24.1%	24.2%	23.8%	24.2%	23.4%
여주시	24.8%	24.8%	24.6%	24.6%	23.6%

연천군	24.8%	25.2%	25.4%	26.2%	25.8%
가평군	31.0%	30.9%	30.4%	30.6%	29.1%
양평군	28.9%	29.0%	28.7%	28.1%	27.4%

자료: 통계청, 국토교통부

서울을 제외한 수도권으로 가보자(표 7). 2020년 기준 경기 평균보다 타 지역 거주자 보유 주택 비율이 높은 지역은 동두천시 29.9%, 성남시 29.5%, 가평군 29.1%, 의왕시 28.3%, 수원시 28%, 하남시 27.9%, 용인시 26.9%, 인천시 26.7로 조사된다. 타 지역에 거주하는 사람들이 보유한 주택이 많은 지역은 수요가 감소하는 상황에서 매도 물량이 상대적으로 커질 가능성이 크다. 따라서 매도 물량 증가로 가격 하락 폭이 커질 수 있다고 판단된다. 전체로 살펴보면 타 지역 거주자 보유 주택 비율은 전국 24%이며 가장 높은 곳은 세종 34%, 서울 29.6%, 인천 26.7%, 경기 25.3%, 부산 25.2%다(표 8).

이미 예상된 변화가 일어나는 지역이 있다. 바로 세종시다. 세종시는 전국에서 타 지역 거주자 보유 주택 비율이 가장 높다. 매도 물량에 따라서 가격 변동성이 커지고 있다. 특히 집값이 가장 먼저 빠지기 시작했다. 2021년 12월부터 2022년 2월까지 세종시에서 실거래된 아파트 471건 가격을 조사하면 최고가 대비 15~25%로 하락했다. 3개월 만에 가격이 20% 떨어졌다. 투자 목적의 보유가 많아 단기에 매물이 증가하면서 20% 이상 대폭 하락도 가능하다.

표 8. 타 지역 거주자 보유 주택 비율

	2016	2017	2018	2019	2020
전국	23.7%	23.9%	24.0%	24.2%	24.0%
서울	28.7%	28.5%	28.8%	29.4%	29.6%
부산	22.6%	23.6%	24.1%	24.7%	25.2%
대구	20.7%	21.2%	21.2%	21.0%	20.7%
인천	27.6%	27.0%	26.7%	26.9%	26.7%
광주	21.8%	22.4%	22.3%	22.6%	22.4%
대전	23.7%	24.0%	24.1%	24.2%	23.6%
울산	16.3%	16.8%	17.4%	18.1%	17.8%
세종	37.8%	37.4%	35.9%	35.3%	34.0%
경기	26.1%	25.9%	25.8%	25.7%	25.3%
강원	20.5%	20.9%	21.0%	21.0%	20.4%
충북	22.2%	22.9%	23.2%	23.1%	22.8%
충남	23.9%	24.3%	24.3%	24.3%	23.9%
전북	18.3%	19.1%	19.3%	19.6%	19.5%
전남	19.5%	20.4%	20.3%	20.5%	20.3%
경북	19.2%	19.9%	20.1%	20.3%	20.2%
경남	17.9%	18.7%	19.0%	19.2%	19.2%
제주	14.5%	15.8%	16.4%	16.7%	16.6%

자료: 통계청, 국토교통부

PART 2. 어떻게 될 것인가

집값이
떨어진다고요?

미친 듯이 오르던 주택 가격이 주춤하고 있다. 상승률은 둔화되고 가격이 하락하는 지역도 나타나고 있다. 사람들은 묻는다. 집값이 진짜 떨어지나요? 질문을 하긴 하지만 사람들은 어떤 답을 들어도 자신의 생각을 바꿀 의향이 없다. 솔직하게 말하면 답은 이미 정해져 있다. 집을 가지고 있는 사람들은 절대 집값은 떨어질 수 없다고 생각한다. 반면 내 집이 없는 사람들은 집값이 떨어질 수 있다고, 아니 떨어져야 한다고 생각한다. 이렇듯 마음속 답이 정해진 상황에서 집값을 전망하는 것이 의미가 있을까?

여론조사를 해보면 어떨까? '당신은 집값을 어떻게 전망하시나요? 1번 상승, 2번 하락.' 집 보유 여부에 따라 선택이 결정된다고 가정하면 여론조사 결론은 쉽게 예측할 수 있다. 물론 조사 결과는 1번이 높은 비율로 나올 것이다. 한국에서 집을 갖고 있는 가구 비율이 60%가 넘기 때문이다. 집을 가지고 있는 가구가 더 많기 때문에 집값 상승을 바라는 사람이 더 많을 거라 예상한다. 바람은 자연스럽게 전망으로 이어진다.

그런 만큼 시장을 예측해 부동산 책을 팔거나 전문가로서 활동하는 것은 의외로 쉽다. 다수의 여론에 맞춰 "집값은 계속 오릅니다. 빠져도 오릅니다. 결국 오릅니다. 언젠가 오릅니다."라고 말하면 되기 때문이다. 사실 주장에 맞춰 데이터를 찾고 분석하는 것도 어렵지 않다. 반대로 "이제 떨어집니다. 드디어 떨어집니다. 엄청난 하락장이 옵니다."라고 말하는 것도 장사(?)가 될 수 있다. 소수 의견이긴 해도 혹시나 맞으면 40%의 지지를 업고 스타로 거듭날 수 있기 때문이다. 주택 가격이 하락한다는 주장을 뒷받침해줄 수 있는 자료도 수없이 찾아낼 수 있다.

문제는 두 가지다. 우선 각자의 상황과 바람과 상관없이 미래는 결정된다. 다만, 원하는 대로 결정되지 않는다. 혹시나 그대로 이루어졌다면 운이 좋았을 뿐이다. 집값도 마찬가지다. 아무리 간절히 원한다고 해도 자신의 바람대로 집값이 움직이지 않는다. 미래 전망에 따라 행동해야 한다는 점도 중요하다. 내 집 마련을 잠시 미루거나 집을 사야 하는 기준은 전망을 근거로 해야 한다. 혹은 집을 팔아야 할 때도 마찬가지다. 행동하지 않는다면 전망을 어떻게 하든, 누가 무슨 말을 하든 상관없다. 어떤 선택이든 결정하고 행동해야 하기 때문에 전망이 필요하다.

어떻게 접근해야 할까? 우선 집을 가지고 있다는 사실이나 자신이 아직까지 무주택자라는 사실을 잊어야 한다. 각자의 상황과 위치를 잊고 최대한 객관적으로 시장의 상황과 전망을 바라볼 준비를 해야 한다. 사과를 보고 둥글다거나 맛있겠다고 생각해야지, 애플 아이폰을 떠올리면 안 된다. 고정 관념과 자신의 위치에 사로잡히지 않은 시선으로 사물과 현상을 바라봐야 한다. 색안경을 벗고 현재 상황을 정확하게 판단할 수 있어야 한다. 이것이 미래를 전망하기 위한 첫 작업이다.

집값의 상승과 하락을 전망하기에 앞서 현재 한국 부동산 시장 현황을 정확하게 파악해야 한다. 보는 것을 그대로 보면 보이지 않았던 것이 눈에 보인다. 미래 경영학자인 피터 드러커는 말했다. "미래는 이미 일어나고 있다The future that has already happened." 비슷한 맥락에서 개인적으로 좋아하는 속담이 있다. "콩 심은 데 콩 나고 팥 심은 데 팥 난다." 지금 콩을 심고 있는 모습을 보고 콩이 날 것이라고 예측하는 것은 쉽다. 그러나 콩을 심고 팥이 나기를 바라는 경우가 많다. 현재의 모습을 정확히 바라본다면 충분히 미래를 예측할 수 있다.

주택 수요가 줄어들고 있다. 높아진 가격, 대출 규제와 금리 인상으로 주택 수요 감소는 지속될 가능성이 크다. 집을 살 수 있는 사람들이 줄어들고 있는 상황에서 매도 물량이 증가하면 가격 하락 폭이 커질 수 있다. 정권에 따라 매도 물량이 달라질 수 있다는 이야기를 많이 한다. 그러나 매물을 결정하는 근본적인 요인은 정책 변화가 아니다. 매도 물량은 기대 수익률로 결정된다.

수요가 줄어들면 가격 상승률이 둔화되고 투자자들의 기대 수익률이 하락한다. 그렇다면 보유보다 매각을 선택하는 쪽이 더 유리할 수 있으니 매도 물량이 증가할 수밖에 없다. 매도 물량이 증가하면 집값은 떨어진다. 집값이 떨어지면 추가 하락을 기대하면서 수요가 더욱 줄어든다.

집값 하락은 부동산 시장뿐만 아니라 여러 가지 문제를 발생시킨다. 가장 먼저 하우스푸어의 증가다. 하우스푸어는 가처분 소득에서 주택 담보 대출로 인한 원리금 및 이자 상환액을 공제한 실질 가처분 소득이 매우 낮아서 가계를 유지하는 데 어려움을 겪는 계층을 말한다. 2010년 초에 이미 하우스푸어의 대량 양산을 한 차례 경험했다. 당시 하우스푸어로 분류된 인구가 약 108만 가구, 374만 명에 이르렀다. 수도권에 살면서 아파트를 가진 30, 40대 중산층이 주로 많았다. 이들은 평균 가처분 소득이 246만 원 정도였으며 주택 대출 원리금 상환으로 102만 원을 지출해 소득의 42%를 주택 대출 비용으로 지출했다.

하우스푸어가 증가하자 민간 소비가 크게 위축됐다. 2010년대 초 민간 소비 증가율이 경제 성장률보다 낮은 상황이 지속됐다. 그만큼 내수 경기가 위축됐다. 집값 하락은 내수 경기 위축을 넘어 경기 불황으로 확대될 가능성도 있다. 일본은 1980년대에 이미 부동산 거품이 꺼지면서 장기 경기 불황을 경험했다. 당시 일본은 부동산 경기 호황기에 자산 가치와 함께 부채가 급증했다.

반면 부동산 가격이 하락하면 자산 가치는 떨어지지만 부채는 줄지 않는다. 대부분 차입을 해서 집을 산다. 집값이 떨어지더라도 대출금은 깎아주지 않는다. 집값이 하락했으니 고객이 빌려간 돈을 조금 덜 갚아도 된다고 하는 은행은 없다. 부동산 가격이 경기와 직접 연결되는 이유다.

우리나라는 대출 규제가 강력해서 부동산 가격 하락에 대출이 크게 문제되지 않는다고 말하는 전문가들이 있다. 피상적으로는 맞는 이야기다. 그러나 한국에는 특수한 대출이 있다. 바로 전세금이다.

갭 투자를 통해 수많은 투자자들이 일종의 사적 대출인 전세금을 이용해 투자 목적으로 집을 산다. 주택 시장이 호황일 때 특히 갭 투자가 크게 증가한다. 2021년에는 주택 매수 중에서 갭 투자 비율이 서울 기준 40%가 넘었다. 갭 투자는 한도도 없고 제한도 없다. 이자도 없고 매수자의 신용도에 따라서 전세금이 제한되지도 않는다. 전 세계에서 거의 유일하게 이루어지는 갭 투자로 인해 한국 주택 시장의 대출 위험도는 극도로 확대돼 있는 상황이다.

전세금을 이용해 집을 산 뒤 집값이 하락하면 역전세와 깡통전세 문제가 커질 수 있다. 집주인이 세입자에게 전세금을 돌려주지 못하는 경우는 깡통전세고, 역전세는 전세 가격이 하락한 상태를 의미한다. 역전세가 심화되면 깡통전세로 바뀌게 되고 집값 하락의 또 다른 원인이 된다.

집값 하락은 미분양 아파트 증가로도 이어진다. 미분양 아파트는 건설 회사들의 경영을 어렵게 하고 보유하고 있는 재고 자산을 싸게 팔 수밖에 없는 상황으로 이어진다. 최근 대구에서 미분양 아파트가 증가하자 건설 회사들은 그동안 없어졌던 각종 특혜를 고육지책으로 제공하고 있다. 계약금 비율을 낮추고 분양 이후 계약 해지를 원하면 위약금 없이 계약금을 전부 돌려주고 계약금의 이자도 건설 회사가 돌려주는 계약금 전액 보증제가 등장했다. 2010년 초반에 미분양 아파트가 크게 증가했을 때는 천만 원만 내면 우선 거주할 수 있는 아파트가 즐비했다. 이러한 미분양 아파트는 또 다른 집값 하락의 원인이 될 수 있다.

집값이 떨어지면 하우스푸어, 역전세, 깡통전세 그리고 미분양 아파트 문제가 발생하면서 또 다른 집값 하락을 부른다. 가격 상승이 또 다른 상승의 원인이 된 것처럼 하락의 시작은 또 다른 하락을 부른다. 스스로 가진 신념이 강할수록 자산 시장에서는 피해가 더욱 커질 수 있다.

윤석열 정부,
부동산 정책 영향은?

새로운 정부의 부동산 정책은 공약을 통해 살펴볼 수 있다. 공약은 두 가지 측면에서 검토가 필요하다. 부동산 시장에 미칠 영향과 실현 가능성이다. 따라서 부동산 시장에 직접적인 영향을 줄 수 있는 정책에 대해 구체적으로 살펴볼 필요가 있다.

윤석열 정부는 주택 공급을 확대하기 위해 재건축과 재개발(정비 사업)을 촉진한다는 계획을 가지고 있다. 정비 사업을 빠르게 추진하기 위해 정밀 안전 진단 기준을 합리화하고 재건축 초과이익 부담금을 완화할 계획이다. 또한 신속 통합 인허가와 용적률 인센티브를 도입할 예정이다.

재건축과 재개발에 대한 규제를 완화하고 초과이익 부담금을 줄여

주면 수익성 개선으로 정비 사업 대상 아파트의 일시적인 가격 상승이 예상된다. 반면 가격 상승이 지속되기 위해서는 매물 감소뿐만 아니라 투자 수요 증가가 동반돼야 한다. 그러나 토지거래허가제나 다주택자 대출 규제 등으로 정비 사업 대상 아파트에 투자 수요가 증가하기 어려운 상황이다. 그뿐만 아니라 재건축 사업의 수익성에 큰 영향을 미치는 초과이익 부담금 완화는 야당이 다수를 점하고 있는 국회를 통과해야 한다. 즉 정부 의지대로 추진하는 데 한계가 뒤따른다. 따라서 재건축·재개발 규제 완화로 인한 집값 상승은 일시적일 가능성이 높다.

윤석열 정부는 임대차 3법을 재검토하고 소형 아파트의 신규 임대사업자 등록을 허용하며 종부세 합산 및 양도소득세 배제 등 세제 혜택을 부여할 계획이다. 임대차 3법은 국회를 거쳐야 하기 때문에 쉽게 변경될 수 없다. 등록 임대사업자에 대한 혜택 부활은 다주택 매물을 감소시키는 역할을 할 가능성이 있다.

부동산세를 낮추겠다는 공약도 제시했다. 우선 부동산 공시 가격을 2020년 수준으로 환원할 예정이다. 부동산 공시 가격이 낮아지면 부동산 관련 세금이 낮아지는 효과를 기대할 수 있다. 그러나 종합부동산세와 양도세, 취득세 등 세금은 법률로 정해야 한다. 정부와 대통령의 의지만으로는 개정이 힘들 전망이다. 다음 국회의원 선거는 3기 신도시 분양이 본격화되는 2024년 2월이다.

주택 대출 규제도 완화하겠다고 발표했다. 생애 최초 주택 구매 가구의 LTV 상한을 80%로 인상하고 주택 구매 수요를 충족하기 위해

LTV 상한을 70%로 단일화한다는 계획이다. 또한 대출이 금지됐던 다주택자에게도 LTV 30~40%로 대출을 완화해준다는 공약도 발표했다.

대출 규제 완화는 주택 수요의 증가로 이어질 수 있다. 주택 수요가 증가하면 집값 상승이 재현될 가능성도 있다. 문제는 강화되고 있는 DSR이다. DSR과 같이 소득과 비례한 대출 규제가 이뤄지면 규제 완화에도 실질적인 대출 확대로 이어질 가능성이 낮다. 따라서 부동산 대출 규제가 전면적으로 완화되기 위해서는 DSR 규제도 바뀌어야 한다.

부동산 가격이 급등한 상황에서 대출 규제 완화에 대해서는 의문의 여지가 있다. 가계 대출 부실로 연결될 가능성이 존재할 뿐만 아니라 또 다른 집값 상승의 원인으로 작용해 문제점이 부각될 수 있기 때문이다. 과거 정책을 살펴보면 진보와 보수 관계없이 부동산 대출 규제 완화는 집값 상승과 반대로 이뤄져왔다. 집값이 오르면 대출을 규제하고 집값이 하락하면 대출을 완화해줬다. 윤석열 정부는 부동산 시장과 상관없이 대출 규제를 완화해준다는 계획이다. 유례없는 대출 정책에 대한 우려가 큰 것도 사실이다.

윤석열 정부의 부동산 정책은 살펴본 바와 같이 규제 완화, 세금 인하, 대출 확대로 요약할 수 있다. 부동산 시장이 불황일 때 나올 법한 정책을 추진하겠다는 계획이다. 문제는 부동산 시장에 미치는 영향이다. 예상치 못한 정책이 일시적으로 시장에 영향을 미칠 수 있다. 단, 제한적일 가능성이 높다. 문재인 정부는 부동산 가격 상승을 막기 위해서 많은 정책을 쏟아냈다. 그러나 가격은 폭등했다. 반대로 이명박과 박근혜 정부는 부동산 가격 하락 시점에 부양 정책을 시행했다. 그럼에도 불구하고 해당 기간에 주택 가격은 하락하고 안정됐다. 정책을 통해 부동산 시장의 큰 흐름을 바꿀 수는 없다. 따라서 대출을 확대해준다고 무리하게 가격이 폭등한 집을 매수하는 것은 위험한 선택이 될 수 있다.

대선 승리 그리고 패배의 원인은 무엇일까

승부에서 이기는 것과 지는 것은 숙명이다. 패배를 피할 수 없음에도 불구하고 사람들은 승리만을 이야기한다. 그러나 때로는 패배가 승리보다 더 많은 교훈을 주기도 한다. 대통령 선거가 끝났다. 승리와 패배의 이유가 난무한다. 그러나 교훈을 얻으려면 핑계보다 정확한 패배 원인을 파악하고 앞으로 무엇을 해야 하는지에 대한 논의가 필요하다.

민주당 이재명 후보는 24만 7천여 표 차로 졌다. 패배 원인 중 가장 설득력 있는 주장은 '부동산 표심'이다. 윤석열 후보는 서울에서 약 31만여 표 차로 이재명 후보를 이겼다. 반면 인천과 경기에서는 이재명 후보가 49만여 표 차로 이겼다. 영호남의 표 차를 감안할 때 서울에서의 차이가 승부를 결정지었을 것이라는 추론이 가능하다. 과거와 달리 서울 유권자들이 민주당에게서 등을 돌린 이유는 무엇이었을까?

서울 25개 자치구 중 윤석열 당선자가 높은 득표율을 보인 곳은 강남구 67.01%, 서초구 65.13%, 송파구 56.76%, 용산구 56.44%, 양천구 50%로 나타났다. 이재명 후보자가 승리한 곳은 금천구, 강북구, 중랑구, 은평구, 도봉구, 구로구 등이다. 아파트 평당 가격과 후보 간 득표율을 살펴보면 부동산 가격이 비싼 지역에서 윤석열 후보의 득표율이 높게 나타난다. 집값이 높은 지역에서 자산 가치를 지키고 세금 규제를 피하기 위해서 윤석열 후보에게 표를 던졌을 것이라는 추론이 가능하다. 즉 윤석열 후보가 대통령이 되면 부동산 가격이 더욱 상승할 것이라고 믿고 사람들이 투표를 했다는 이야기다.

　하지만 여기서 의문점이 생긴다. 내 아파트 가격이 오르길 기대하는 건 비싼 집에 살고 있을 때뿐일까? 상대적으로 평당 가격이 낮은 아파트에 살고 있으면 집값이 오르든 내리든 상관없을까?

　통계청에서 발표한 2020년 주택소유통계에 따르면 서울에서 주택을 소유한 사람은 총 254만 명이다. 서울 전체 유권자인 834만 명과 비교하면 높지 않은 비중이다. 그러나 배우자와 성인 자녀를 포함하면 서울에서 주택 소유와 직접적으로 연관돼 있는 유권자 수는 약 510만 명으로 파악된다. 전체 유권자 중 61%가 주택을 소유하고 있어 집값이 오르는 것이 좋다고 생각할 가능성이 높다(물론 집을 가지고 있는 사람 중에 집값이 빠지기를 원하는 사람이 존재할 수 있다. 그러나 특이한 상황이라고 판단해 반영하지 않았다).

　크건 작건, 비싸건 싸건 집을 소유한 사람은 집값에 대해 비슷한 기대와 걱정을 하고 이웃의 집값과 비교하며 부동산을 통한 노후와 상속에 대해 유사한 방식으로 우려한다. 결국 집을 가지고 있으면 집 값을 확실하게 올려줄 수 있는 후보에게 투표할 가능성이 높다. 따라서 윤석열 후보에게 강남 3구를 비롯해 더 많은 서울 사람들이 표를 던진 이유는 분명하다. 우리가 주목해야 하는 대상은 집을 가지고 있음에도 불구하고 이재명 후보에게 표를 던진 사람들이다.

내 집을 가지고 있는 유권자라면 집값이 오르는 것이 좋을 텐데 상대적으로 집값을 올리는 역량이 부족해 보이는 이재명 후보에게 표를 던진 이유는 무엇일까? 이 답을 찾으면 민주당이 서울에서 패배한 진짜 이유를 얻을 수 있다.

유주택자들이 이재명 후보에게 표를 던진 이유는 내 집값은 좀 오르지 않아도 좋으니 미래 세대를 위해 부동산 시장을 안정시키고 투기판이 돼버린 부동산 시장을 바꿔보라는 요구가 더 컸기 때문이다. 내 집값이 올랐음에도 불구하고 문재인 정부의 부동산 정책 실패에 대한 부정 여론이 컸던 이유도 이기적 요구보다 진정한 부동산 시장 안정을 바랐기 때문이다.

결국 민주당 패배의 결정적 원인은 부동산 계급 자체에 있지 않다. 부동산 문제를 근본적으로 해결하기 위한 노력 부족과 공약 제시를 못 했기 때문이다. 즉 이재명 후보에게 표를 줄 수 있는 주택 소유 유권자를 늘리는 것이 이번 대선 승부의 핵심이었다. 그렇다면 세금을 깎아주거나 공공의 자산인 용적률을 무리하게 올려준다고 집을 보유한 유권자가 민주당을 지지할까? 아니다. 세금을 훨씬 더 줄여주거나 규제를 완화해줄 가능성이 높은 후보는 항상 존재한다. 그보다 더 큰 그림을 그렸어야 했다.

한 언론과의 인터뷰에서 모 건축학자가 인간의 본능과 싸우지 말라면서 부동산 정책에 대해 훈수를 두었다. 맞는 말이다. 그러나 인간의 본능은 무엇인가? 그가 말하는 자기 집을 갖는 것, 좋은 집, 비싼 집, 좋은 위치가 인간의 본능인가?

우리는 내 집 마련을 좀 미뤄도 부동산 시장 안정을 바라고, 내 집 가격이 빠져도 부동산 투기가 없는 세상을 바란다. 본능과 욕망을 동시에 갖는다. 집을 가지고 있음에도 불구하고 부동산 시장을 안정시키겠다는 후보에게 기꺼이 표를 줄 수 있다. 그렇다면 민주당과 이재명 후보는 이러한 주택 소유 유권자의 본능과 욕망을 충족하기 위해 노력했는가?

대통령 선거일이 임박해오면서 민주당이 서울 시내에 내건 현수막과 홍보물은 내 눈을 의심케 했다. 마치 집을 가지고 있는 유권자들에게 집값을 올려줄 테니 표를 달라는 듯, 종부세와 양도세 인하, 재건축 규제 완화, 대출 확대 등을 언급하고 있었다. 집값을 올려주겠다는 공약은 집을 가지고 있는 사람이 많으니 산술적으로는 효과적인 방법이라 생각했을 수도 있다. 그러나 사람들의 본능과 욕망은 거기에 없었다.

지긋지긋한 부동산 공화국으로부터의 탈출, 불로소득 없는 노동이 존중받는 세상으로의 변화를 꿈꾸던 유주택자들에게 이재명 후보가 던져야 할 메시지는 대출 확대와 세금 인하가 아니었다. 오히려 더 선명한 부동산 시장 안정 정책과 불로소득을 억제하기 위한 세금 강화 그리고 주거 복지를 달성하기 위한 혁신적인 도전이 필요했다.

2011년, 미국에서 에너지 음료인 레드불Red Bull을 마시고 농구를 하던 사람이 돌연 사망하는 사건이 발생했다. 이후 레드불이 건강에 좋지 않은 음료라는 인식이 확산된다. 회사는 부정적인 이미지를 탈피하기 위해 변명이나 인과관계를 따지지 않았다. 대신 우주 스카이다이빙을 계획한다. 레드불 우주 낙하 프로젝트라고 불린 이벤트에서 인류 최초로 인간이 우주에서 지구로 몸을 던졌다. 전 세계로 방영된 생중계를 800만 명 이상이 지켜봤다. 레드불은 "건강이 문제라고? 우리는 더 큰 꿈을 가지고 있어!"라는 명확한 메시지를 전달했다. 이 프로젝트를 통해 레드불의 2012년 매출은 전년보다 오히려 16% 증가했고 광고 효과가 400억 달러에 이를 정도로 큰 성공을 거두었다.

이재명 후보와 민주당은 계산적이며 일시적인 공약이 아니라 레드불처럼 더 큰 꿈을 이야기했어야 했다. 내 집 가격이 하락해도, 내 집 마련을 좀 미뤄도 좋은 세상을 만들 수 있다면 기꺼이 소중한 한 표를 던질 수 있는 사람들이 원했던 것은 종부세를 깎아주고 대출을 더 해달라는 요구가 아니었다.

아파트 수는 증가하고 집을 가지고 있는 사람도 지속적으로 증가할 것이다. 집값을 올려주겠다는 공약은 항상 우위를 점할 수밖에 없는 상황이다. 앞으로 격전이 예상된다. 부동산 가격을 올려주겠다고 약속하는 쪽과 더 큰 꿈을 가지고 부동산 개혁을 꿈꾸는 쪽 사이의 싸움이다. 누가 부동산 가격을 더 많이 상승시켜줄 것인지를 다투는 경쟁에서는 승자가 분명하게 정해져 있다. 그렇다면 더 큰 이야기를 해야 한다. 다른 본능에 승부를 걸어야 한다. 20대 대통령 선거에서 한 후보는 집값을 올려달라는 욕망에 충실했고, 한 후보는 부동산 시장을 개혁해달라는 욕망에 충실하지 못했다. 욕망과 욕망이 충돌할 때는 누가 중심에 더 다가가느냐가 승부의 핵심이다.

앞으로 수많은 선거가 우리 앞에 놓일 것이다. 우리나라뿐만 아니라 다른 많은 나라에서도 부동산 정책은 중요한 공약이 됐고 핵심 의제가 돼왔다. 자본주의에서 불가피한 현상이다. 과거 유럽과 미국을 보면 자가 보유율, 즉 집을 가지고 있는 사람들이 많아지면 정치적 의도를 가지고 집값을 올려주기 위한 정책이 추진된다. 주택 공급을 강제로 제한시킨 그린벨트 확대, 중서민층에게 주어진 주택담보대출 확대 등이 대표적인 정책이다. 그러나 무리한 집값 올리기 정책들로 인해 나라가 휘청대고 경제가 망가졌다. 서브프라임 사태가 벌어진 것도 무리한 집값 올리기가 근본적인 이유였다.

추운 겨울날 아이를 포대에 싸매고 광화문에서 촛불을 들었던 것은 큰 이상 때문이 아닐 것이다. 본능과 욕망에 따라 몸이 움직였기 때문이다. 우리 아이들에게는 좋은 세상을 물려주겠다는 욕망, 가진 자들만의 세상이 돼서는 안 된다는 욕망, 역사가 바른 길을 가야 한다는 욕망이 추운 겨울날 따뜻한 집에서 치맥을 먹고자 하는 본능을 이겼다. 오랜 역사에서도 우린 다른 욕망에 충실했던 우리의 수많은 모습을 볼 수 있다.

평계를 대는 사람은 승부와 거리가 먼 사람일 가능성이 높다. 부동산 계급을 운운하는 건 핑계에 불과하다. 승부는 결정됐다. 문제의 핵심을 파악하고 승리와 패배 이유를 찾아야 한다. 미셸 오바마는 연설에서 유명한 말을 남겼다. "그들이 저급하게 가더라도, 우리는 품위 있게 가자When they go low, we go high." 낮은 욕망이 넘실대는 곳에서 높은 욕망을 추구할 수 있는 용기를 가질 수 있는지가 승부를 결정짓는 질문이다.

대통령 선거 이후 벌써부터 각종 규제 완화 기대감에 안정되고 있던 부동산 가격이 들썩이고 있다. 누군가는 분명 부동산 가격 상승을 원했을 것이다. 그러나 훨씬 더 많은 사람이 집값과 삶의 안정을 간절히 바랐다. 누군가의 선택이 어쩔 수 없는 운명이 돼 모두에게 돌아올 것이다.

Part 3.

투자의 분명한 목적은 수익에 있다. 그런데 사람들은 혼동한다. 어디에 있는 부동산을 사야 하는지, 어떤 주식을 매수해야 하는지를 먼저 묻는다. 중요한 것은 대상이 아니다. 투자를 통해 수익을 얻는지가 무엇보다 중요하다. 수익을 낼 수 있다면 대상은 크게 문제되지 않는다. 수익을 내기 위해서는 대상보다 방법이 중요하다. 어떻게 해야 할 것인가(how to)에 집중해야 한다.

어떻게
해야 하는가?

불패는 없다
(편견을 없애라)

변화하는 주택 시장에서 영민하게 행동하기 위해서는 단순한 지식보다 지혜가 필요하다. 결국 가장 핵심 질문은 '어떻게 해야 하는가?'다. 적절한 답을 찾기 위해서는 투자에 대한 진지한 고민이 필요하다. '투자란 무엇인가?' 간단하면서도 어려운 질문이다. 개인이 투자한다는 것은 수익을 얻기 위해 부동산이나 주식 등 투자 상품을 매입한다는 뜻으로 이해할 수 있다. 투자의 분명한 목적은 수익에 있다. 그런데 사람들은 혼동한다. 어디에 있는 부동산을 사야 하는지, 어떤 주식을 매수해야 하는지를 먼저 묻는다. 중요한 것은 대상이 아니다. 투자를 통해 수익을 얻는지가 무엇보다 중요하다. 수익을 낼 수 있다면 대상은 크게 문제되지 않는다. 수익을 내기 위해서는 대상보다 방법이 중요하다. 어떻게 해야 할 것인가how to에 집중해야 한다.

수익을 내기 위한 투자의 출발은 편견을 없애는 것이다. 편견을 가지고 있으면 시장을 제대로 바라볼 수 없다. 그다음으로 시장 사이클을 인정하고 읽어야 한다. 투자에서 확실한 것은 없다. 언제든 가치는 달라지고 판단은 틀릴 수 있으며 상황도 바뀔 수 있다. 무엇이든 한 방향으로 움직이는 것은 없다. 좋았다가 나빠지고 악화됐다가 개선된다. 변화를 인정하고 사이클을 읽을 수 있는 사람만이 투자에서 성공할 수 있다.

무엇보다 본질에 대해 고민해야 한다. 투자는 무엇인지, 투자하는 사람들은 누구인지, 부동산은 무엇인지, 시장이 왜 변화하는지에 대한 근원적인 고민을 해야 한다. 편견을 없애고 사이클을 인정하고 본질에 대해 고민했다면 이제 확률 높은 미래를 전망해야 한다. 100% 확실한 전망은 없다. 어떤 예측도 틀릴 수 있다. 그럼에도 불구하고 투자에는 미래 전망이 필요하다. 기대 수익을 높일 수 있는 확률 높은 미래 예측이 필요하다.

확률 높은 미래 전망을 통해 대응하고 투자해야 한다. 인내심을 가지고 기다리고 항상 관심을 가지고 주시해야 한다. 실패에서 또 다른 기회를 찾고 성공에서 운을 발견한다면 투자 기회는 다시 찾아온다.

투자를 어떻게 해야 할까? 답을 찾기 위해 가장 먼저 할 일은 편견을 없애는 것이다. 부동산 시장에서 가장 큰 편견은 '불패 신화'다. 그러나 부동산 시장에 불패는 없다. 전 세계 수많은 나라가 부동산 시장 호황과 불황을 경험했다. 일본의 부동산 버블과 미국의 서브프라임 사태가 대표적이다. 우리나라도 불과 10년 전에 큰 폭의 부동산 가격 하락을 경험했다. 그럼에도 불구하고 많은 사람이 부동산 불패를 여전히 신봉(?)하는 이유는 무엇일까?

우선 장기라는 개념에 대한 잘못된 인식에 사로잡혀 있기 때문이다. 1870년부터 2015년까지 글로벌 주요 자산의 연간 수익률을 살펴보면 놀라운 결과가 나온다. 부동산은 지난 140여 년간 7% 이상의 높은 연수익률을 기록했다. 단기적으로 변동이 있었지만 장기적인 수익률만 놓고 보면 부동산은 무조건 가격이 오르는 자산, 즉 불패 자산이었다.

장기적으로 가격이 상승한다는 주장은 365일 동안 맑은 날이 더 많았기 때문에 홍수에 대비할 필요도 없다는 말과 같다. 아무리 맑더라도 홍수 한 번에 모든 농작물이 모두 쓸려갈 수 있다. 사실이 그러한데, 결국 맑은 날이 더 많으니 홍수에 대비하지 않아도 된다고 말한다면 어떻게 받아들여야 할까? 과연 이 말에 머리를 끄덕이며 동의할 수 있을까? 부동산 가격은 언젠가 오를 테니 작은 변화는 무시하고 아무 때나 사면 된다는 말에 절대 속아 넘어가서는 안 된다.

하지만 사람들은 대부분 주택 가격이 오를 때 집값이 오르기만 할 것이라는 강한 믿음을 갖는다. 상승에 대한 믿음이 크기 때문에 자신의 기대와 다르게 이야기하는 전문가의 말은 듣지 않고 비난한다. 그런 사람들에게 상승에 대한 근거를 물으면 대부분 공급이 줄어들고 있고 한정된 자원이기 때문에 주택 가격은 항상 오를 수밖에 없다고 말한다. 나아가 수도권 집중 현상과 경제(소득) 성장까지 더해지면서

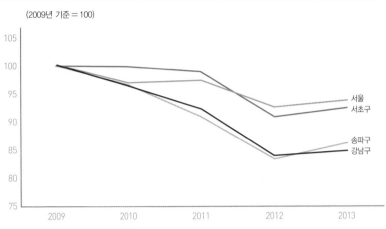

그림 15. 서울 아파트 실거래 가격 지수

(2009년 기준 = 100)

자료: 국토교통부, 통계청, 부동산 114

부동산 가격은 불패라고 이야기한다.

부동산 불패 신화는 특히 강남을 중심으로 나타난다. 그럼 강남 아파트 가격은 한 번도 빠진 경험이 없었을까? 서울의 아파트 가격이 하락한 2009년부터 2013년까지 강남 3구 아파트 평균 실거래 가격을 살펴보면 강남구는 11억 2,600만 원에서 9억 4,500만 원으로 16% 하락했다. 서초구는 9억 9,500만 원에서 9억 원으로 9%, 송파구는 8억 2천만 원에서 6억 8천만 원으로 17% 하락했다. 분명히 절대 가격이 하락했다(그림 15).

강남 3구가 상대적으로 덜 빠졌다고 주장할 수 있다. 그러나 2009년부터 2013년까지 5년간 서울 아파트 가격 변동 추이를 보면 서울에서 집값이 가장 많이 빠진 지역은 강남구, 송파구다. 서울 전

그림 16. 거래 회전율

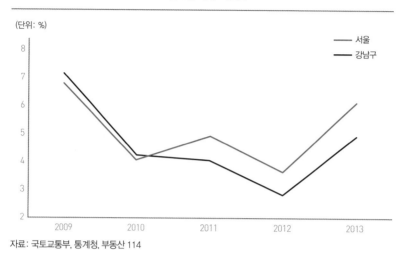

자료: 국토교통부, 통계청, 부동산 114

체 하락 폭보다 강남 3구의 하락 폭이 훨씬 컸다. 강남 불패 신화는 부동산 시장이 호황일 때만 존재했다고 볼 수 있다.

강남 3구의 아파트 가격 하락 폭이 이처럼 큼에도 불구하고 많은 사람이 불패로 여기는 이유는 무엇일까? 가장 큰 이유는 가격이 하락할 때 거래가 빈번하지 않다는 점이다. 거래 회전율을 보면 가격 하락 시기 강남구의 거래 회전율은 평균에 비해 낮다(그림 16). 하지만 사람들은 집값이 빠져도 인정하지 않으려고 한다. 특히 거래량이 감소하면서 가격이 떨어져도 한두 건에 불과하다고 여긴다. 강남을 중심으로 가격이 떨어질 때 거래량이 상대적으로 크게 감소하는 이유는 무엇일까? 손실이 너무 크기 때문이다.

집값이 빠질 때는 절대 가격이 클수록 손실 금액도 크다. 특히 부동산은 대출 비중이 높기 때문에 다른 자산 대비 손실 금액이 더욱 크다. 예를 들어 A 아파트는 20억 원에 매입했고 B 아파트는 10억 원에 매입했다고 하자. 수요가 감소하면서 가격이 5% 하락했다. A 아파트는 손실 예측이 1억 원이지만 B 아파트는 5천만 원이다. 절대 금액이 클수록 예측되는 절대 손실 금액도 크다. 대출을 고려하면 자기 자금을 고려한 심리적 손실 폭은 더욱 커진다.

집값이 떨어질 때 손실이 커지면 어쩔 수 없이 매도할 수 없는 상황이 온다. 하지만 금액이 클수록 더 팔기 힘들다. 강남 3구를 중심으로 부동산 시장 불황일 때 매도 물량이 감소하는 이유다. 팔지 않는다고 손실이 없는 것은 아니다. 대출 이자와 세금 지출이 지속적으로 발생한다.

2009년 강남 아파트의 평균 실거래 가격은 11억 2,600만 원이었다. 이후 거래 가격이 지속적으로 하락 안정되다가 2016년이 돼서야 12억 원이 됐다. 매입 당시 대출이 5억 6천만 원(LTV 50%)이었다고 가정하면 가격 상승 없이 7년간 약 2억 원(대출 금리 5% 적용)의 순수 이자 비용 지출이 생기고 세금까지 고려하면 실제 손실은 더욱 커진다. 가격이 빠진다고 팔지 않았지만 실제로 손실이 발생될 수밖에 없는 구조다.

부동산 불패를 주장하는 사람들은 대부분 주택 가격은 IMF와 글로벌 금융위기를 제외하면 항상 상승했다고 말한다. 심지어 부동산 전문가라는 사람들조차 여기에 쉽게 동의한다. 여기서 질문 한 가지. '왜! 제외할까?' IMF와 글로벌 금융위기를 왜 제외해야 하는가에 대해 물으면 예외적인 상황이었다고 답할 것이다. 하지만 예외를 적용하면 오르지 않은 투자 상품이 없다. 예외를 적용하면 주식도 한 번도 빠진 적이 없다. 그런데 왜 주식은 불패라고 말하지 않는가?

IMF 외환위기와 서브프라임 시기에 많은 사람이 부동산으로 고통을 받았다. 집값이 폭락했고 대출을 갚지 못해 부동산 경매가 급증했다. 부동산 가격 하락으로 인한 고통은 비단 한국만의 문제가 아니었다. 미국, 일본이 대표적이고 스웨덴, 핀란드, 아일랜드, 호주 등 자본주의 경제 체제를 가진 대부분의 국가에서 부동산 가격 하락을 경험했다.

분명한 사실은 부동산 불패는 절대로 존재할 수 없고 잘못 사면 손실이 커질 수 있다는 점이다. 심지어 하락할 때는 어떤 자산보다 큰 고통을 안길 수 있다. 강남을 비롯한 모든 부동산 자산이 마찬가지다. 부동산을 투자로 생각한다면 불패라는 편견에서 벗어나야 한다. 부동산은 언제 사도 좋은 자산이 아니다. 그리고 절대 오늘이 가장 싼 자산도 아니다. 오늘이 가장 싸다는 그 말을 과연 어디까지 믿어야 할까?

'집값 불패'와 '하우스푸어'는 동전의 양면

'가격이 비싸다, 싸다'라는 판단은 주관적일 수 있다. 집값도 마찬가지다. 소득이 올라가고 보유 자산이 많다면 집값이 아무리 올라도 싸다고 느껴질 수 있다. 반면 소득이 정체돼 있는데 가격만 올랐다면 집값이 비싸게 느껴질 수 있다. 집값을 객관적으로 판단할 수 있는 기준은 없을까?

최근 한국은행은 금융안정보고서를 통해 국내 부동산이 상당히 고평가된 것으로 추정된다고 발표했다. 위험 선호 및 수익 추구 강화 등으로 투기적 수요가 몰리고 그에 따라 과도한 자금이 유입됐다는 것을 근거로 제시했다. 현재 가격에 대한 평가를 '얼마가 올랐다' 혹은 '가계 소득 대비 집값이 얼마다'라고 판단하지 않고 투기적 수요에서 찾은 것은 흥미로운 접근법이다.

일반적으로 가격에 대한 가치 판단 기준은 과거다. 대체로 과거에 비해 가격이 몇 %만큼 상승했는지, 소득 대비 가격 비율, GDP 대비

집이 온다

가격 비율 등은 얼마인지를 기준으로 가격 수준을 판단한다. 그러나 미래에 대응하고 투자해야 하는 입장에서 과거는 말 그대로 과거일 뿐이다. 중요한 것은 가격에 대한 판단이 아니라 가격이 어떻게 변할 것인가, 즉 미래에 초점을 맞춰야 한다.

미래를 전망하려면 현재 가격이 어떻게 이루어져 있는지를 고민해야 한다. 다음 두 가지 상황을 가정해보자. 현재 집값이 과거 대비 50% 상승했다. 첫 번째 상승 이유는 소득의 전반적인 증가와 고용률 상승이다. 두 번째 상승 이유는 저금리에 따른 대출 증가와 투자 목적에 따른 수요 증가다. 집값 상승률은 같은데 과연 어느 쪽 집값이 비싸다고 판단할 수 있을까?

코로나19로 인해 저금리 구조가 확산되면서 부동산 관련 대출이 최근 크게 늘어났다. 2021년 3월 말 기준 주택 구입과 관련된 가계 대출은 1,198조 원으로 역대 최고치를 기록했다. 부동산 금융도 2천 조 원을 넘긴 상황이다. 대출 증가와 함께 과거와 달리 20, 30대 수요가 확대됐고 증여가 증가하면서 공급(매물)이 감소했다. 역대 최저 금리, 역대 최고 증여, 역대 최대 20, 30대 주택 수요 증가로 형성된 지금의 집값은 어떤 수준일까?

최근 영국의 〈파이낸셜타임스〉와 경제 분석 기관인 옥스포드이코노믹스에서 발표한 자료에 따르면 미국·스웨덴·캐나다·영국·중국 등 대다수 국가의 집값이 지난해 대비 두 자릿수 이상 올랐다. 심지어 고령화로 인해 수요가 감소하고 있는 일본과 이탈리아에서도 가격 상승세가 두드러졌다. 전 세계 많은 국가에서 집값이 상승한 가장 큰 이유는 역사상 유례없는 저금리와 유동성 확대였다.

문제는 단기간 빠른 집값 상승에 따른 부작용이 나타나기 시작했다는 점이다. 가장 큰 부작용은 빈부 격차 확대다. 우리나라에서도 부동산 격차가 커지면서 벼락 거지라는 용어가 등장할 만큼 사회적 불만이 커지고 있다. 독일 베를린에서는 투자자들이 보유한 부동산 몰수를 요구하는 세입자들이 거리로 나섰고, 미국에서는 420만 명 이상의 사람이 임대료 체납 등으로 퇴거 위험에 직면해 있다. 우리나라에서도 부동산 문제가 가장 심각한 사회 문제로 부각된 근본적 이유는 높은 가격 상승에 있다.

가격 상승 이후 나타나기 시작한 부작용을 고려하면 지금 우리가 직면하고 있는 집값이 버블이 아니라고 자신 있게 말할 수 있는 용기 (?)가 나지 않는다. 가격을 정확히 판단하려면 인과관계와 현재의 현상에 주목해야 한다. "지금까지 올랐고 오늘이 가장 싸다."는 말로는 가격을 판단할 수 없는 이유다.

"집은 사는live 곳이지 사는buy 것이 아니다."라는 말을 듣곤 한다. 자신이 거주해야 하는 집을 스스로 만들지 못한다면 시장에서 사야 한다. 그런데 시장 가격을 움직이는 주체는 거주 목적으로 집을 사고파는 사람들이 아니라 투자 목적으로 사고파는 사람들이다. 금리가 낮아지면 대출을 일으켜 집을 사고, 세금이 커지면 집을 파는 것도 거래 목적이 투자이기 때문이다. 그렇다면 거주해야 하는 집을 살 때나 팔 때도 투자에 의해 움직이는 가격을 고려해 스스로 판단해야 한다.

투자로 움직이는 시장에서 예측은 일기예보나 동전 던지기와는 다르다. 날씨 예측을 아무리 잘한다고 하더라도 예측이 날씨에 직접 영향을 미치지 못한다. 날씨는 그저 날씨대로 돌아간다. 주식이나 부동산 시장은 다르다. 사람들의 예측에 따라 시장은 완전히 다른 모습으로 변한다. 예를 들어 전문가가 어떤 주식을 팔아야 한다고 예측하면 모든 사람이 동시에 해당 주식을 팔려고 할 것이다. 반면 아무도 주식을 사려고 하지 않을 것이기에 기존 예측은 쓸모없어진다. 그 결과 예측이 돈을 벌도록 도와주기보다는 오히려 손실을 키운다.

투자로 움직이는 시장은 이러한 되먹임 현상으로 가득 차 있다. 되먹임은 매수 또는 매도 의사 결정을 만들어낸다. 그리고 다시 새로운 가격을 형성하고 또다시 새로운 되먹임을 낳는 식으로 반복된다. 이렇게 변화무쌍한 되먹임으로 움직이는 시장에서는 예측보다 현재에 대한 판단과 대응이 더욱 중요하다.

판단과 대응이라는 관점에서 현재 부동산 시장과 가격이 과열인지 아닌지를 가늠하려면 가격 상승률 자체보다 왜 올랐는지, 그리고 지금 시장이 어떤 상황인지를 면밀히 살펴볼 필요가 있다. 2000년 중반 부동산 가격이 크게 상승하던 시기에 사람들이 가장 많이 쓰던 단어 중 하나가 불패였다. 그러나 이후 유행한 단어는 아이러니하게도 '하우스푸어'였다.

부동산 정책과 규제가 또다시 변화하고 있다. 기준 금리가 인상되고 있다. 3기 신도시 사전 청약이 시작되면서 수요도 분산되고 있다. 지방에서는 미분양 아파트가 증가하고 있다. 재건축 규제 완화 기대

PART 3. 어떻게 해야 하는가

감으로 서울 노후 아파트 가격 상승세가 이어지고 있다. 일부 고가 아파트가 고점보다 낮은 가격으로 거래되고 있다. 시장이 혼란스럽다. 누군가는 휘모리장단이라고 하고 누군가는 쉬어갈 때라고 한다. 그러나 예측은 중요하지 않다. 잘 대응하기 위해, 아니 잘살기 위해서는 지금 상황을 냉철하게 판단해야 한다. 그래서 묻는다. 지금은 버블인가, 아닌가?

전조가
있다

부동산을 전망할 때 가장 많이 하는 이야기가 공급 부족과 거주할 수 있다는 점, 그리고 인플레이션 헤지다. 공급이 부족하고 거주가 가능하며 물가 상승에 대응할 수 있기 때문에 부동산은 언제나 좋다는 이야기다. 그러나 부동산 시장도 다른 자산처럼 사이클, 즉 주기적인 변화가 불가피하게 나타난다. 사이클이 존재하는 이유는 부동산 시장이 신용과 심리에 영향을 받기 때문이다.

부동산 시장, 특히 주택 시장에서는 주택을 구매할 때 상대적으로 대출이 많이 필요하므로 신용의 영향을 크게 받는다. 따라서 대출 시장이 어떻게 변하는가에 따라서 주택 시장도 변화하게 된다. 신용 사이클은 단순하다. 은행에서 대출을 증가시킨다. 부동산 가격이 오르면서 대출 금액도 커진다. 위험 회피 성향이 사라진다. 은행뿐만 아니라 모든 금융 기관들에서 더 많은 부동산 대출에 나선다. 금융 기관들이 이자율을 낮추고 경쟁한다. 대출 금액이 확대된다. 연체율이 조금씩 증가한다. 은행에서 대출 관리에 나선다. 대출 금액을 줄이고 금리를 인상한다. 위험 회피 성향이 늘면서 대출 조건이 강화된다. 대출이 줄어든다. 대출이 줄어들면 부동산 가격 상승률은 둔화된다. 대출이 추가적으로 감소하고 부동산 가격이 하락하면 신용은 극도로 위축된다.

신용 사이클뿐만 아니라 심리 변화도 부동산 시장 변화를 만드는 중요한 원인이다. 심리 사이클은 상승 폭과 하락 폭, 즉 변화의 진폭을 확대시키는 데 중요한 역할을 한다. 특히 부동산 시장에서는 정보의 비대칭성이 크게 나타난다. 신뢰할 만한 거래소가 존재하지 않기 때문이다. 사람들은 부동산 시장을 판단하면서 탐욕과 공포, 낙관론과 비관론, 매수하려는 조급함과 매도하려는 패닉 사이를 오간다. 이러한 심리적 변화가 부동산 시장의 사이클을 만든다. 부동산 사이클을 어떻게 읽고 판단하는지가 절대적으로 중요하다.

부동산 사이클은 시작과 끝을 말할 수 없다. 따라서 사이클을 여러 단계로 나누고 무엇 때문에 현재 상승 구간이 시작됐는지, 또는 상승이 시작된 이후로 어느 단계에 있는지, 하락은 가까워지고 있는지에 대한 답을 찾아야 한다. 단, 사이클을 현실에 적용할 때 각각의 국면과 단계가 구별돼 있지 않고 서로 인과관계를 가지고 있다는 점을 기억해야 한다. 즉 a는 b의 원인이 되고 b는 c의 원인이 되며 d가 발생한

그림 17. 부동산의 사이클

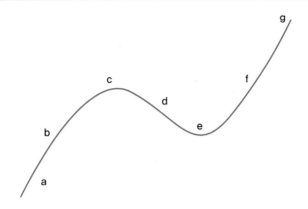

a 지나치게 침체된 상황에서 회복 국면   b 중간 지점을 지나 상승 국면
c 최대 호황을 지나 고점   d 고점에서 하향 조정 국면
e 하향이 지속되면서 저점   f 저점을 지나 회복 국면
g 새로운 고점으로 이동

원인은 c가 된다. 따라서 사이클을 읽기 위해서는 현재 시장이 어디에 위치하고 있는지를 반드시 판단해야 한다. 이것을 전조라고 부를 수 있다.

부동산 시장에도 변화의 전조가 있다. 여러 가지 신호가 있으나 가장 알기 쉬운 전조는 거래량이다. 투자에서 가장 관심 있는 변화는 결국 가격이다. 가격이 상승할지 혹은 하락할지를 전망해야 한다. 가격 변화를 예측하기 위해서는 거래량에 관심을 가져야 한다. 거래량을 통해 시장 가격을 예측할 수 있다.

그래프를 통해 거래량이 어떻게 다음 국면의 가격을 예측할 수 있게 도와주는지 살펴볼 수 있다(그림 17). 사이클의 단계별로 살펴보자. 우선 a는 주택 시장이 침체된 상황에서 회복하는 국면이다. 가격은 하락 또는 정체돼 있다. 반면 거래량이 점차 회복된다. 투자 수요가 증가하는 단계이기 때문이다. 가격 하락으로 기대 수익률이 상승하자 투자 수요가 증가하면서 거래량이 회복된다. b는 투자 수요가 증가하면서 주택 가격이 상승하는 국면이다. 거래량이 회복 단계를 넘어 증가한다. b 국면에서는 투자 수요뿐만 아니라 실수요도 증가한다.

c는 가격이 고점인 구간이다. 다주택자를 중심으로 투자 목적의 집 한 채를 보유한 사람들이 매도 물량을 크게 감소시킨다. 가격은 상승하지만 거래량이 크게 감소하기 시작한다. d 국면에서는 가격 조정이 시작된다. 투자 수요는 급감하고 거래량 하락 폭이 줄어든다. e는 가격이 크게 하락해 저점인 국면이다. 저점에서는 투자 수요가 증가하면서 조금씩 거래량이 회복되기 시작한다. f는 가격이 저점을 지나 회복하는 국면이다. 거래량도 의미 있는 회복세를 보인다. g는 다시 주택 가격이 상승하는 단계다. 거래량이 회복 단계를 넘어 증가한다. 이와 같이 가격과 거래량의 관계를 다시 그래프로 그려보면 아래와 같다(그림 18).

주택 가격이 정체돼 있는데 거래량이 회복되고 있다면 a 국면일 확률이 높다. 가격이 회복되면서 거래량이 증가하기 시작하면 b와 f 국면이다. 가격 상승 폭이 커지면서 거래량이 크게 감소하면 c일 가능성이 크다. 가격이 하락하면서 거래량 하락 폭이 줄어들면 d 국면이고

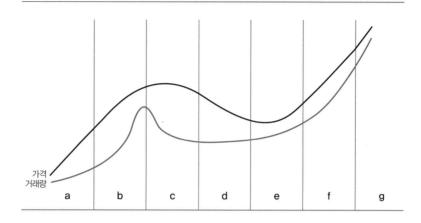

그림 18. 주택 가격과 거래량 사이클

가격
거래량

a   b   c   d   e   f   g

자료: 미래에셋대우 리서치센터

가격 하락 폭이 커지는데 거래량이 점차 회복되면 가격 저점인 e 국면이다. 이해를 돕기 위해 예시 문제를 풀어보자.

    질문 (1) 주택 가격이 큰 폭으로 상승하고 있는데 거래량은 크게 감소하고 있다. 어느 국면인가?
    질문 (2) 주택 가격이 큰 폭으로 하락했는데 거래량이 조금씩 회복되고 있다. 어느 국면인가?

    질문 (1)의 답은 c 국면이다. 질문 (2)의 답은 e 국면이다. 해당 국면을 맞혔다는 데 기뻐하긴 이르다. 그다음에 어떻게 될 것인지가 더욱 중요하다. 질문 (1)의 답이 c 국면이기 때문에 다음에는 d 국면으로 바뛸 가능성이 크다. 가격이 하락한다. 질문 (2)의 답은 e 국면이다. 따라서 다음에는 f 국면이 오고 가격이 회복되고 거래량이 증가하기 시작할 것이다. 주택 시장이 주기를 따르는 이유는 근본적으로 주택 가격이 수요와 공급에 따라 변화하기 때문이다. 특히 한국 부동산 시장에 나타나는 특징적인 수요와 공급 변화를 주지할 필요가 있다.

우선 주택 수요는 투자 수요와 실수요로 나눌 수 있다. 수요가 줄어들 때 투자 수요가 먼저 감소하기 시작한다. 투자 수요가 감소하면 거래량이 줄어들기 시작한다. 투자 수요가 줄어들면서 거래량은 줄어들고 가격 상승세가 둔화된 이후 실수요가 감소하기 시작한다. 투자 수요과 함께 무주택 수요가 동시에 줄어들면 거래량이 크게 감소한다. 부동산 시장 변화의 특징은 집을 가지고 있는 사람들이 매매 가격을 우선 결정한다는 점이다. 시장에 수요가 줄어든다고 해서 가격 하락이 바로 이어지지 않는 이유다.

투자와 실수요가 같이 줄어들면서 거래량이 크게 감소하면 가격 상승세가 둔화되고 정체된 상황을 보인다. 가격이 하락하지 않아도 가격 상승세가 둔화되면 다주택자들이 집을 내놓기 시작한다. 다주택자 매도가 증가하면 주택 가격이 떨어지기 시작한다. 이후 1가구 1주택 보유자 중 실거주가 아닌 주택 매도 물량이 늘어나기 시작한다. 이때 가격 하락 폭이 커진다. 간단히 살펴보면 투자 수요 감소 → 가격 상승 둔화, 거래량 하락 시작 → 실수요 감소 → 가격 보합, 거래량 큰 폭 하락 → 다주택자 매도 증가 → 거래량 정체, 가격 하락 시작 → 1가구 1주택 중 투자 물량 매도 증가 → 거래량 소폭 회복, 가격 하락 폭 확대로 주택 가격은 하락 사이클을 보인다. 가격 하락 사이클의 시작을 알리는 전조는 추세적인 거래량 감소다. 가격 상승세가 둔화되면서 거래량이 하락하기 시작하면 오르던 가격이 향후 하락할 가능성이 크다고 판단할 수 있다. 따라서 사이클로 부동산 시장을 판단할 때 가장 중요한 전조는 거래량이다.

매물이 증가하면서 하락하던 집값은 투자 수요가 증가하면서 다시 회복하게 된다. 투자 수요가 증가하면 가격과 거래량이 동시에 회복된다. 투자 수요가 증가하면 이후 다주택자가 증가하고 매물이 줄어든다. 매물, 즉 시장에 내놓는 주택 공급이 감소하기 시작하면 무주택 수요가 증가한다. 무주택 수요가 많아지면 다시 다주택자 매물이 줄어들게 되고 가격 상승 폭이 커진다. 쉽게 말해 투자 수요 증가 → 거래량 회복 → 가격 회복 → 다주택자 매도 감소 → 가격 상승 → 거래량 정체 → 무주택 수요 증가 → 거래량 증가 → 가격 상승 → 다주택자 매도 감소 → 거래량 하락 → 가격 상승 폭 확대, 가격 상승 사이클의 시작도 거래량으로부터 출발한다. 감소하던 거래량이 회복하기 시작하면 떨어지던 가격도 상승 가능성이 높아진다고 판단할 수 있다.

시장 흐름이 바뀔 때 가장 먼저 나타나는 현상은 거래량 변화다. 증가하던 거래량이 감소하기 시작하고 줄어들던 거래량이 다시 증가하기 시작하면 그동안 나타났던 시장과는 다른 변화가 일어날 가능성이 높아진다.

일반적인 재화 시장과 투자화된 부동산 시장은 거래량의 변화 측면에서 다른 양상을 보인다. 재화 시장에서는 가격이 상승하면 수요가 줄어들고 공급이 증가한다. 부동산 시장에서도 가격이 상승하면 수요는 줄어들고 공급이 증가하게 된다. 그러나 가격 상승이 지속되면 오히려 수요가 증가하고 공급은 감소한다. 이때 가격이 오를수록 수요자는 더 오를까 봐 조바심을 내기 시작한다. 공급(매도)자는 가격이 오를수록 상승 기대감이 커지면서 공급을 줄이게 된다. 되먹임 현상으로 움직이는 투자 시장의 전형적인 모습이다. 따라서 일반 재화 시장보다 투자 시장에서는 거래량의 변화를 더욱 민감하게 인지해야 한다. 거래량은 변곡점을 알려줄 뿐만 아니라 시장 변화를 편견 없이 읽을 수 있게 도와주는 중요한 지표다.

주택 시장에 거래될 수 있는 아파트가 A와 B 두 채 있다고 가정해 보자. A 아파트는 직전 거래 가격이 10억 원이었고 B 아파트는 20억 원이었다. 두 아파트 모두 매매됐다. A 아파트는 11억 원에 거래됐고 B 아파트는 19억 원에 거래됐다. 이때 시장 가격은 빠졌다고 할 수 있는가, 아니면 올랐다고 할 수 있는가? 개별 상승률로 따지면 A 아파트는 10% 상승했다. B 아파트는 5% 하락했다. 따라서 단순 평균 상승률은 7.5%로 아파트 가격은 계속 오르고 있다고 말할 수 있다. 그러나 인정할 수 있는가?

이번에는 시가총액을 합산하는 방식(A+B)으로 생각해보자. 기존 30억 원(10억 원+20억 원)이 30억 원(11억 원+19억 원)으로 거래됐으니 가격은 보합이라고 할 수 있다. 가중 평균을 계산하면 이야기는 또 달라진다. 비싼 아파트가 시장에 미치는 영향이 크다고 하면 B 아파트 가격 변화에 가중치를 주어 주택 가격이 떨어지고 있다고도 말할 수 있다. 결국 주택 가격은 편차가 크기 때문에 시장을 정확히 판단하는 데 문제점을 가지고 있다.

반면 거래량은 전체 시장을 좀 더 객관적으로 판단할 수 있는 지표가 될 수 있다. 주관적 개입 없이 모든 주택이 한 채로 표현되기 때문이다. 한 건이 거래됐다가 두 건이 거래되면 거래량은 증가한 것이다. 세 건이 거래되다가 두 건이 거래되면 거래량은 감소한 것이다. 물론 어디에도 주관적 의견이 개입될 여지가 크다. 우리가 데이터를 보는 방식은 우리가 알고 있는 것, 또는 우리가 믿고 있는 것에 영향을 받기 때문이다. 개인적 경험과 믿음, 의지를 가지고 데이터와 시장을 판단하면 변화를 읽을 수 없다.

주택 거래량 변화는 중요한 변곡점이 오고 있음을 미리 알려주는 의미 있는 지표다. 단, 거래량 변화가 추세적일 때 의미를 가진다. 일시적인 거래량 변화는 오히려 혼란을 가중시킬 수 있다. 코로나19 이후 거래량 변화가 극심하게 나타났다. 매우 특수한 상황이었다. 그러나 코로나19는 매우 예외적인 상황이라 할 수 있다. 비정상적인 상황이 반복되고 지속될 것으로 생각할 수 없다.

투자자가 시장의 사이클을 무시하면 위험한 일이 발생한다. 부동산 가격이 상승하면 끝까지 오르고, 주택 가격이 빠지면 끝까지 빠질 것처럼 행동하기 쉽다. 그러나 현실은 반대로 될 가능성이 크다. 변화를 읽기 위해 노력하고 주기를 예측해야 한다. 이번에는 예외라는 말을 들었다면 역설적으로 변화할 시기가 온 것이나 마찬가지다.

부동산 시장의 본질:
건물보다는 땅의 가치를 보라

어떻게 해야 하는지를 이해하고 결정하기 전에 다시 한번 강조하지만 먼저 부동산 시장을 정확하게 이해할 필요가 있다. 우선 시장의 변동 요인이다. 시장 가격은 수요와 공급이 만나서 형성된다. 수요 혹은 공급이 가격을 단독으로 결정할 수는 없다. 그럼에도 불구하고 시점에 따라서 영향력의 차이는 존재한다. 쉽게 말해서 수요가 많고 공급이 줄었을 때는 공급자가 가격을 결정하고, 공급이 늘고 수요가 감소할 때는 수요자가 가격을 결정한다. 그렇다면 답은 쉽게 찾을 수 있다. 자신의 위치에 따라 가격 결정권을 가질 때 행동하면 된다.

집을 사는 입장이라면 수요(매수)자가 가격 결정권을 가질 때 사고, 집을 파는 입장이라면 공급(매도)자가 가격을 정할 수 있을 때 팔아야 한다. 말은 쉬워 보여도 실제로 행동하기는 어려운 문제다. 무엇보다 변화에 대해 인정하지 않기 때문이다. 대체로 사람들은 수요자가 없을 때는 계속 없을 거라 생각하고, 공급자가 줄어들 때는 계속 줄어들 거라고 생각한다. 그러나 시장은 변화한다. 늘어나던 수요가 줄어들고, 감소하던 매도 물량이 한순간 증가하기도 한다. 변화를 인정해야 자신에게 유리한 시점을 기다릴 수 있다.

어떻게 해야 하는가how to에 대한 답을 찾으려면 부동산의 본질에 집중해야 한다. 부동산은 단위당 투자 금액이 크고 거래가 빈번하게 일어나지 않는다. 한번 의사 결정을 하고 나면 결정을 되돌리기도, 다시 결정하기도 힘들다. 한국의 아파트 보유 기간은 평균 7년이다. 그런 만큼 부동산 투자는 무엇을what 사느냐보다 언제when 사느냐가 훨씬 중요하다.

많은 사람이 부동산은 위치가 중요하다고 말한다. 위치가 변하지 않는 부동산의 특성 때문이다. 하지만 투자는 변화를 읽고 반응해 이뤄져야 한다. 만약 부동산을 투자의 대상으로 생각한다면 변하지 않는 것보다 변화하는 것을 볼 수 있어야 한다. 부동산의 위치는 변하지 않는다. 변화하는 것은 가격이다. 부동산의 위치에 투자하기보다 부동산 가격의 변화에 투자해야 한다. 언제 사느냐가 중요한 이유다.

부동산 투자에서 시점이 중요한 또 다른 이유는 유동성 리스크의 존재에 있다. 부동산은 거래를 한번 결정하고 나면 쉽게 다시 사고팔 수가 없다. 물론 거래가 불가능한 것은 아니지만, 문제는 거래 비용이 크다는 점이다. 거래 비용이 크기 때문에 선택 시점이 중요하다.

언제 사느냐에 따라서 내 집 마련과 투자 성공이 결정된다.

부동산의 위치도 무시할 수 없는 요소이긴 하다. 단, 위치를 고려할 때도 변화의 관점에서 접근해야 한다. 위치도 변한다. 재건축·재개발이나 교통 인프라 투자 등으로 인해 변화가 일어날 수 있다. 2020년 새집 열풍이 불었다. 노후 주택이 많아지면 새 아파트의 희소가치가 커진다는 전망에 힘입어 새 아파트 가격이 빠르게 상승했다. 그러나 새 아파트라고 영원히 새 아파트이고, 헌 아파트라고 영원히 헌 아파트일까?

최근 서울의 새 아파트는 대부분 재건축을 통해 공급됐다. 불과 몇 년 전까지 헌 아파트였던 물량들이다. 새로 분양된 아파트는 시간이 지날수록 헌 아파트로 바뀌기 마련이다. 한동안 부동산 시장에 재건축 호재가 붙자 새 아파트를 사야 한다는 이야기가 쏙 들어가기 시작한 것을 떠올려보자. 새 아파트가 좋다는 건 부동산 시장에서 본질이 아니다. 헌 아파트는 새 아파트가 되고 새 아파트는 헌 아파트가 된다는 점을 기억해야 한다.

부동산 가치의 변화에 대한 고민도 필요하다. 결국 부동산 가치는 땅의 가치로 수렴된다. 땅은 추가적으로 공급할 수 없고 시간이 지나도 노후화되지 않기 때문이다. 기업에서 부동산을 보유하고 있다면 회계상 감가상각비를 계산해야 한다. 건물은 시간이 지날수록 노후되기 때문이다. 그러나 토지는 절대 노후되지 않기 때문에 감가상각을 하지 않는다. 결국 부동산 가치를 판단할 때 땅에 대해서도 판단해야 한다.

같은 지역에 같은 매매 가격으로 구입할 수 있는 30평 아파트 A, B 가 있다. 둘 다 10억 원에 살 수 있다. 단, A 아파트는 건축된 지 30년 된 아파트인데 대지 지분이 10평이다. 반면 B 아파트는 5년 된 아파 트인데 대지 지분이 2평이다. 둘 중 어느 집을 사야 할까? 투자 목적 으로 판단하면 당연히 A 아파트다. 거주 목적으로 생각하면 상대적 으로 새 아파트인 B를 선택하게 된다. 거주냐, 투자냐에 따라 이야기 가 달라진다. 토지 가격으로 계산해보면 A 아파트는 토지 평당 1억 원이다. B 아파트는 평당 5억 원이다. 건물은 노후화 등의 이유로 계 속 변한다. 그렇다면 변하지 않는 토지에 투자해야 한다. 따라서 A 아 파트를 사야 한다.

부동산에는 유동성 리스크가 존재한다. 쉽게 사고 팔기 어렵다. 거 래 비용이 크다. 따라서 무엇을 사느냐보다 언제 사느냐가 중요하다. 반면 땅의 위치는 변하지 않는다. 변하는 것은 땅 위에 세워진 건물 이다. 변하지 않는 것에 투자하고 변화에 대응해야 한다.

2019년 이후 강남 개포를 중심으로 새 아파트 열풍이 불었다. 재 건축을 통해 신축 아파트가 증가했고 사람들의 관심이 증가했다. 개 포가 '개도 포기한 동네'에서 '개도 포르쉐 타고 다니는 동네'로 바뀌 었다는 우스갯소리도 나왔다. 서울에서 신축 아파트가 생기면 초기 에 가격이 상승한다. 신축 아파트가 많지 않은 이유기도 하지만 매물 이 없기 때문이다.

처음 입주한 이후 신축 아파트 매물은 찾기 힘들다. 보유와 거주 기간으로 양도세율이 정해지기 때문에 신축 아파트를 매도하려는 보유자는 거의 없다. 매물이 없는 상황에서 새 집에 살고 싶은 사람은 있으니 가격이 빠르게 오를 수밖에 없는 상황이 만들어진다. 그러나 신축 아파트는 기간이 지날수록 매물이 지속적으로 증가할 수밖에 없는 구조를 가지고 있다. 세제 혜택으로 인해 매도하려는 투자자가 증가하기 때문이다.

모든 건물은 땅을 끼고 있다. 땅과 건물 가치를 분리해 생각하면 새로운 발견을 할 수 있다. 건물은 변하고 땅은 변하지 않는다. 본질상 변화하는 대상에 대한 투자 시점을 찾기는 어렵다. 반면 변하지 않는 것이 변화할 때가 투자하기 좋은 때다. 토지도 변화한다고 말할 수 있다. 특히 용도가 변경되면서 가치가 크게 변할 수 있다. 그러나 용도 변경은 일회적이며 예상할 수 있는 변화도 아니다. 따라서 땅의 가치를 측정할 때 건물과 분리하고 변하지 않는 본질에 집중할 필요가 있다.

불로소득에 대한 새로운 정의가 필요하다

일반적으로 사람들은 지금까지의 흐름에 의존해 예측한다. 쉽게 말해 지금까지 오른 집값이 계속 오를 거라는 생각이 지배적이다. 예측할 수 없다는 것은 지금까지와는 다른 변화가 찾아올 수 있다는 가능성을 의미한다. 그런 면에서 볼 때 불로소득의 지배력이 강해질수록 지금까지와는 다른 상황을 맞이할 확률이 높다. 불로소득에 대한 새로운 정의가 필요하다.

"아빠, 분수가 뭐야?" 세상에는 다양한 질문이 있지만, 아이들의 질문은 항상 어렵다. 답하기 어려울 뿐만 아니라 질문 자체도 어렵다. 대체로 거의(?) 처음 들어보는 질문이기 때문이다. 수학책을 펼쳐놓은 아이가 분수의 정의를 묻는 질문에 한참을 생각해봤다. 어떻게 답을 해줘야 할까?

어려운 질문을 받았을 때, 좋은 방법은 단어에 대해 진지하게 고민하는 것이다. 수학에서 쓰는 분수는 한자로 '分數', 영어로 'Fraction'

이다. '아, 분수란 숫자를 나누는 것이구나!' 단순히 분수는 그냥 분수인 줄 알았는데, 숫자를 나눈다는 의미가 있다는 것을 알았다. "분수는 빵을 나누는 것이 아니라 숫자를 나누는 거야." 아이에게 이렇게 대답해줬다.

최근 불로소득에 대한 대중들의 분노가 뜨겁다. 몇십억, 몇백억, 몇천억. 무림의 도장 깨기 장면처럼 누가 불로소득을 더 많이 얻었는지 비교하는 경쟁이 치열하다. 특히 부동산을 통한 불로소득이 사람들을 더욱 화나게 만든다. 타인에게 피해를 줄 가능성이 크기 때문이다. 그런데 여기서 잠깐, 근본적인 질문을 좀 해볼 필요가 있다. 불로소득이란 무엇일까?

불로소득의 사전적 의미는 '직접 일을 하지 않고 얻는 수익'이다. 너무 당연한 정의이지만, 사전적 의미를 두고서 논란이 있다. 예를 들어 아파트 투자를 해서 얻은 수익을 불로소득이라고 한다면 많은 부동산 투자자가 화를 낼 일이다. 집을 보려고 관광버스를 대절해 직접 발품을 팔고, 매일매일 부동산 인터넷 카페에 글을 올리고, 유튜브에서 부동산 정보를 얻고 공부하는 노력 끝에 얻은 이득을 불로소득으로 폄하한다며 분노할 것이다. 회사에 다니는 것만이 일이 아니라고도 항변한다. 고개가 끄덕여지는 대목이다. 그러나 부동산 투자와 투기를 불로소득이라고 하지 않는다면 세상에 불로소득으로 불릴 것이 없다. 복권을 사기 위해 걷고, 하루 종일 힘들게 카지노에 앉아 있는다는 이유로 로또와 도박도 불로소득이 아니라는 반론을 제기할 수 있다.

불필요한 논쟁을 줄이기 위해서라도 불로소득에 대한 새로운 정의가 필요하다. 두 가지 제안을 해보고자 한다. 첫째, 일하는 것과 수익의 인과관계가 없다면 불로소득이라고 할 수 있다. 열심히 일하면 수익이 증가하고 열심히 일하지 않으면 수익이 감소한다면 불로소득이라고 할 수 없다. 이곳저곳 열심히 보러 다녀서 투자한 아파트가 방문 횟수, 시간에 비례해 가격이 오른다면 불로소득이라고 말하면 안 된다. 그러나 현실은 어떠한가? 몰래 얻은 정보로 산 땅의 가격이 갑자기 크게 오르고, 클릭 한 번으로 시세보다 싼 아파트에 당첨된다. 부동산 수익은 노동과 비례하지 않을 가능성이 매우 크다. 따라서 일하는 것과 인과관계가 크지 않기 때문에 부동산 투자 수익은 불로소득이라고 할 수 있다.

둘째, 불로소득은 얼마나 버는지보다 얼마나 가지고 있는지가 중요한 소득을 말한다. 불로소득이 부에 미치는 영향이 지배적인 분야에서는 수익률보다 규모가 더 중요하다. '매달 얼마나 벌고 있는가'보다 '그래서 아파트가 몇 채야?'가 더 중요하다면 불로소득일 가능성이 높다. 얼마를 벌었는가를 이야기할 때는 보통 무엇이 들어갔는가, 즉 과정을 기준으로 삼지만, 불로소득이 지배적인 분야에는 얼마를 가지고 있느냐는 결과만을 중요하게 생각하기 때문이다. 뭘 해서 벌든 벌어들인 재산이면 좋다는 식으로 판단되는 분야라면 불로소득이 만연했다고 볼 수 있다.

그럼 오늘날 한국의 부동산 시장은 불로소득일까, 아닐까? 앞서 제안한 두 가지 기준에 따라 분석하면 불로소득일 가능성이 매우 높다.

열심히 노력한다고 부동산 가격이 오르지 않을뿐더러 얼마나 가지고 있는가가 더 중요해졌기 때문이다.

불로소득에 대한 개념을 다시 한번 생각하고 오늘날 부동산을 통해 얻은 이익을 불로소득이라고 규정한 이유는 시장을 전망하는 데 매우 유용한 개념이기 때문이다. 얼마나 버는지보다 얼마나 가지고 있는지가 중요한 시장이라면 가격의 지속적 상승을 위해 누군가 계속 더 비싼 가격을 주고 사줘야 한다. 소득이 늘어나고 대출이 계속 증가한다면 부동산 가격도 지속적으로 상승할 수 있다. 그러나 현재 한국 부동산 시장에는 계속 비싼 가격에 사줄 사람이 줄어들고 있다. 거래량 감소가 강력한 이유다. 사줄 사람이 계속 증가한다면 가격이 상승하고 거래량도 함께 증가해야 한다. 그런데 현재 한국 부동산 시장의 상황은 가격은 상승하지만 거래량이 빠르게 감소하고 있다. 사줄 사람이 점점 감소한다면 어느 순간부터는 가격 상승세가 멈출 가능성이 크다.

부동산 수익이 노동과 비례하지 않은 채 변동되기 때문에 불확실성이 클 수밖에 없다. 시장 상황은 한순간의 심리와 일시적 요인에 의해 빠르게 변화할 수 있다. 코로나19가 전 세계를 강타한 2020년 초 부동산 가격 폭등을 예상한 전문가는 없었다. 그러나 실업자가 증가하고 가게가 문을 닫아도 부동산 가격은 잠시 주춤했을 뿐 지속적으로 상승했다. 이처럼 예측할 수 없는 변화는 불로소득이 지배하는 시장의 전형적인 특징이다.

모든 변화는 힘들고 괴롭지만 이 세상에는 피할 수 없는 변화가 있다. 변화를 어떻게 맞이할 것인지가 무엇보다 중요한 시점이다. 불로소득에 지나치게 집착한다면 앞으로 다가올 변화에 능동적으로 대처할 수 없다. "나는 오늘만 보고 살아간다. 내일만 보고 살아가는 놈은 오늘만 보고 살아가는 놈에게 죽는다."라는 말은 한낱 영화의 대사에 불과하다.

우리는 아이들의 질문에 지혜로운 답을 해줘야 할 의무가 있다. 한국의 부동산 시장, 내 집 마련, 투자에 현명하게 대처하는 지혜를 갖춰야 할 시간이다.

중요한 변화가 일어난다
(2022년 이후 부동산 시장 변화)

주택 가격 하락 시작

수요가 감소하고 매물이 증가하면서 가격 하락이 본격화될 가능성이 높다. 가격이 하락한다는 의미는 내 집을 마련하기 좋은 시기가 온다는 뜻이다. 가격이 어느 정도 하락했을 때 매수하는 것이 좋을까? 쉽지 않은 질문이다. 시점에 대한 고민을 할 때 기억할 것이 있다. 다른 무엇보다 자기 자신을 명확하게 파악해야 한다.

시장의 변화에 발맞춰 자기 자신에 대해서 명확하게 파악해야 한다. 부동산 투자에서 자신을 알라는 말은 자산과 부채, 자기자본 규모를 명확하게 파악해야 한다는 의미다. 현재 자신이 보유한 자산과 부동산 자산 비중, 부채와 조달 가능한 차입 규모에 대한 정확한 평가와 판단이 필요하다. 부동산 투자 대상을 정해놓고 자금을 조달하기보다 자신과 가계 자산에 대해 명확하게 판단한 후에 '언제'와 '무엇'을 고민하는 것이 올바른 순서다. 대상승하던 집값이 빠지기 시작하면 신용 리스크가 커지면서 대출 규제가 더욱 강화될 수 있다. 이에 따라 보수적인 자금 조달 계획을 세울 필요가 있다.

거주할 것인가, 임대를 통해 투자할 것인가를 결정하는 문제도 매우 중요하다. 거주도 하지 못할 집을 무리하게 매입하거나 투자 가치가 없는 집을 거주 목적으로 사지 말아야 한다. 투자와 실거주 모두 중요하다. 부동산을 매입하거나 매도할 때 투자와 실거주라는 두 가지 목적을 구분해서 자신의 눈으로 직접 보고 판단해야 한다. 그럼에도 불구하고 거주보다 투자가 선행돼야 한다. 특히 무주택자라면 거주보다 투자 목적으로 부동산을 살펴볼 필요가 있다. 거주 목적의 집은 언제나 존재하지만 투자 목적의 부동산은 아무 때나 기회를 발견하지 못하기 때문이다.

한 설문조사에 따르면 부동산 선택 기준으로 가격 상승의 가능성을 중요하게 생각하는 비율이 43%에 달했다. 학군과 교육은 30%, 직주 근접은 27%를 차지했다. 부동산 가격 상승이 지속되면서 부동산을 투자 관점에서 생각하는 비중이 증가하고 있음을 보여주는 지표다. 반대로 가격이 하락할 때는 부동산 선택 기준으로 교육과 직주 근접 등 실거주 목적의 부동산 선택 기준이 주를 이룬다. 일반적으로 사람들은 가격이 오를 때 투자를 더욱 생각하고 가격이 내리면 사용

가치에 대한 관심을 더욱 갖기 때문이다. 그러나 모름지기 똑똑한 부동산 투자를 생각한다면 반대가 돼야 한다. 가격이 하락할수록 투자를 위해 더욱 노력해야 한다.

최근 임차인에게 계약 갱신권이 주어지면서 강남에 전세를 끼고 매도하는 아파트가 실거주할 수 있는 아파트보다 훨씬 낮은 가격으로 매도될 가능성이 높아지고 있다. 사람들도 가격이 하락하는 기간에 실거주할 수 있는 집을 찾는다. 반면 임차인이 있을 경우 거주가 불가능하기 때문에 가격이 하락해도 매수하려고 하지 않는다. 그러나 투자 관점에서 보면 임차인 유무가 중요하지 않다. 가격이 더 중요하다. 선택은 분명하다.

2005년과 2015년 사이 글로벌 서브프라임 사태를 겪으면서 아일랜드, 스페인, 영국, 미국에서는 자가 소유 비율이 각각 8.2%, 8.1%, 5.7%, 5.2% 하락했다. 부동산 가격이 하락하자 사람들은 자신이 살고 있던 집을 팔았다. 무리한 대출을 일으켜서 비싼 집을 샀고, 집값이 떨어지자 살고 있던 집을 팔아야 했다. 누군가는 울면서 자신이 살고 있는 집을 팔아야 할 때 누군가는 투자 목적으로 싼 값에 집을 사들였다. 흥미롭게도 서브프라임 이후 미국 집값이 급락하자 주택을 가장 많이 산 주체는 사모펀드들이었다. 사모펀드들은 거주할 집을 산 것이 아니다. 투자 목적으로 가격이 폭락한 집을 사들였다. 그리고 그 이후 어떻게 됐는가.

자신이 왜 부동산을 사는지 또는 파는지 정확히 파악해야 한다. 자산과 부동산을 제대로 알아야 투자에서 불확실성을 줄일 수 있다. 미

래 전망이 불확실할수록 현재 상황을 좀 더 객관적으로 판단하는 눈
을 길러야 한다.

재건축, 재개발 규제 완화

서울을 중심으로 도심 공급을 늘리기 위해 재건축·재개발 규제 완
화 속도가 빨라질 가능성이 높다. 서울시가 추진 중인 신속 통합 기
획에 따라 인센티브가 제공되기 때문이다. 신속 통합 기획에서 가장
중요한 인센티브는 용도 변경에 따른 35층 규제 완화다. 서울 아파
트는 3종 주거 지역인 경우 최고 층수가 35층 이하로 제한돼 있었다.
그러나 신속 통합 기획을 통해 준주거 지역으로 용도 변경이 이루어
지면 50층 이하로 신축이 가능하고 용적률도 상향된다.

강남을 중심으로 한 재건축 사업에서 층수 제한 완화는 큰 인센티
브다. 용적률 상향으로 토지의 경제적 가치가 상승할 뿐만 아니라 위
로 더 올라갈수록 동간 거리가 멀어져 쾌적성도 높아지기 때문이다.
서울시 신속 통합 기획 인센티브를 통해 최근 송파구 잠실주공5단지
정비 계획안이 통과됐다. 용도가 제3종 일반주거에서 준주거로 변경
되면서 용적률 400%, 최고 층수 50층 이하로 인센티브가 주어졌다.
변경된 정비 계획안에 따라 잠실주공5단지는 현재 3,930호에서
6,815호로 바뀌게 된다. 서울시는 신속 통합 기획뿐만 아니라 도시
계획에서 35층 규제를 폐지했다. 주거용 건물 층고 기준을 삭제하고

표 9. 수도권 재건축 단지 초과이익 추정 부담금

(단위: 만 원)

지역	단지명	1가구당 추정 부담금
서울	성수동 장미아파트	50,000
서울	도곡개포한신아파트	43,800
서울	반포3주구	40,000
서울	대치쌍용1차아파트	30,000
경기	수원 영통2구역	29,500
서울	신길 10구역	29,400
대전	용문동 1,2,3구역	27,600
서울	방배 삼익아파트	27,500
서울	용산 한남하이츠	25,000
서울	당산동 유원제일1차	24,000
경기	안양1동 진흥아파트	14,500
서울	반포현대아파트	13,500
경기	수원 111-5구역	12,000
서울	제기 1주택 위원회	11,000
경기	과천주공 4단지	10,400
경기	과천주공 5단지	10,400
경기	수원팔달 1구역	9,400

자료: 전국재건축정비사업조합연대

층수는 도시계획위원회 심의로 결정한다.

규제가 완화되면서 재건축·재개발에 투자 수요가 증가할 수 있다. 그러나 전체 시장에 미치는 영향은 크지 않을 전망이다. 인센티브에도 불구하고 재건축 사업의 가장 큰 걸림돌은 초과이익 환수제다. 재건축 부담금은 사업 기간(추진위 승인부터 준공 시점)에 오른 집값(공기 가격 기준)에서 건축비 등 개발 비용과 평균 집값 상승분을 뺀 초과이익이 3천만 원을 넘을 경우 10~50%까지 세금을 거두는 제도다. 전국

72개 재건축조합이 모인 전국재건축정비사업조합연대에 따르면 전국 500개가 넘는 조합이 재건축 초과이익 부담금을 납부해야 한다. 재건축 부담금 부과는 투자 수익률을 낮추어 규제 완화에도 불구하고 수요가 쉽게 증가할 수 없게 만드는 역할을 할 것이다. 그뿐만 아니라 가구당 아파트 매입 금액과 요구 수익이 다르기 때문에 부담금 자체가 사업 동의를 줄여 재건축 추진 자체를 어렵게 할 수도 있다.

3기 신도시 분양과 미분양 증가

2021년부터 3기 신도시 사전 청약이 진행되고 있다. 2018년에 발표된 3기 신도시 계획에 따르면 향후 수도권 31만 6천 호가 공급되고 대규모 택지 개발로 5만 7천 호가 공급될 예정이다. 관건은 본 청약과 입주 시점이다. LH 자료에 따르면 3기 신도시 전체에 대한 지구 계획 승인이 완료됐다. 또한 네 곳이 보상 착수를 완료했고 2022년이면 3기 신도시 전체에 대한 보상이 완료될 예정이다. 인천 계양 등 일부 지구는 2022년 조성 공사에 착공할 예정이다. 토지 보상과 조성 공사 착공이 2023년 상반기에 이루어진다면 2024년에는 3기 신도시 본 청약이 시작될 수 있을 것으로 예상된다. 입주는 2027년부터 본격화될 예정이다.

3기 신도시는 부동산 시장에 어떤 영향을 미치게 될까? 과거 경험을 살펴보자. 1기 신도시는 1989년부터 시작됐다. 분당, 일산, 평촌,

산본, 중동에 약 29만 2천 호가 공급됐다. 1996년 사업이 완료됐다. 주택 약 30만 호라는 공급량은 수도권 90만 호의 33%에 해당하는 막대한 물량이었다. 2기 신도시는 2003년부터 추진됐다. 판교, 위례, 동탄, 광교, 김포 한강, 파주 운정, 인천 검단, 평택 고덕, 양주 옥정 등 약 124㎢ 택지에 총 61만 호를 공급한다는 계획이었다. 1기 신도시보다 규모가 큰 만큼 사업 기간도 15~20년으로 3~4배에 달했다.

신도시는 부동산 가격이 폭등할 때 시장을 안정시키기 위해서 추진된다. 다만 신도시 추진 이후 분양과 입주까지 오랜 기간이 걸린다. 사업 기간이 길기 때문에 그사이 부동산 시장에 변화가 나타날 가능성이 크다. 우연일지 몰라도 1기 신도시 사업이 완료된 직후 우리나라는 IMF를 경험했고, 2기 신도시에 본격적으로 입주가 시작될 시점에 서브프라임이 발생했다. 집값이 폭등하는 시기에 신도시가 지정되고 집값이 떨어지는 시기에 주택이 공급됐다.

무주택자인 경우 3기 신도시 분양에 적극적으로 참여할 필요가 있지만 부동산 변화를 지속적으로 주시해야 한다. 또한 3기 신도시 분양만 무작정 기다릴 필요가 없다. 3기 신도시 분양과 함께 미분양 아파트가 증가할 가능성도 크다. 건설 회사들은 각자 사업 계획을 가지고 있기 때문에 부동산 시장이 좋지 않을 때에도 금융 비용을 감안해 불가피하게 분양해야 할 상황이 오기도 한다. 따라서 3기 신도시 분양과 민간 아파트 미분양 증가가 동시에 발생할 가능성이 높다. 이미 대구, 송도 등 일부 지역에 미분양 아파트가 증가하고 있다.

14년 전 전국의 미분양 아파트는 17만 호에 달했다. 서울도 미분

집이 온다

양 아파트가 3천 호 이상 발생했던 적이 있다. 아파트를 분양하면 대체로 40% 이상은 분양되지 못했다. 미분양 아파트가 증가하면 유통 거래 가격에도 영향을 미치게 된다. 미분양 아파트 증가가 더욱 빠르게 가격 하락을 일으키는 요인이 될 가능성이 크다.

임대차보호법과 월세 증가

2020년 7월 31일 주택임대차보호법이 개정됐다. 1989년 12월 임대차 기간이 1년에서 2년으로 상향된 이후 30년 만에 다시 개정된 것이다. 개정된 임대차 3법은 전월세 5% 상한제, 계약갱신청구권, 전월세신고제다. 법 개정으로 임대차 계약은 최대 4년이 가능해졌고 2년 이후 추가 연장할 때 전월세 가격을 5% 초과하지 못하게 됐다. 그뿐만 아니라 전월세 실제 계약 가격을 신고해야 한다.

임대차 3법 개정 이후 임대차 시장에 혼란이 일어났다. 우선 직접적으로 2020년 8월부터 전월세 계약을 연장하는 임차인들에게 계약갱신청구권이 주어졌다. 임차인들은 청구권을 활용해 전월세 인상률 5%와 연장 기간 2년을 보장받으며 계약을 연장할 수 있게 됐다. 분명 계약을 연장하는 임차인들에게는 실질적인 도움이 됐다. 그러나 연장이 아니라 새롭게 전월세 계약을 해야 하는 임차인들은 계약 기간 4년을 감안해 시장 가격보다 훨씬 더 인상된 전월세 계약을 제시하는 임대인의 요구에 응해야 했다.

PART 3. 어떻게 해야 하는가

그림 19. 서울 임대차 거래 중 월세 비중 추이

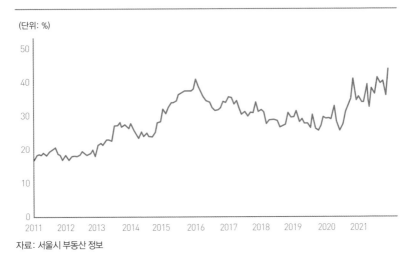

(단위: %)

자료: 서울시 부동산 정보

　임대차보호법 개정 이후 새롭게 계약해야 하는 전세의 경우 가격이 가파르게 상승했다. 또한 월세 계약이 증가하고 있다. 2022년 1월 임대차 거래 중 월세가 차지하는 비중이 45.6%를 기록하며 최근 5년 평균 41.1%와 비교해 4.5%포인트 상승했다. 월세 증가의 이유로 임대차보호법과 대출 규제 금리 인상, 집주인의 세금 부담 등 여러 가지 원인이 복합적으로 작용하고 있다. 무엇보다 월세 비중의 증가로 일어나는 시장 변화에 주목해야 한다.

　가장 큰 시장 변화는 갭 투자 감소다. 한국은 전세라는 독특한 제도 때문에 전세 가격이 오르면 투자 수요가 증가하는 독특한 구조를 가진다. 월세 비중이 늘어나면 갭 투자가 감소하고 투자 수요가 줄어들어 시장이 안정될 가능성이 높다.

임대차보호법 개정 이후 계약을 연장했던 세대는 2022년 7월 이후부터 본격적으로 신규 계약에 나서야 한다. 연장 계약으로 집주인이 전세 가격을 인상시키지 못했기 때문에 신규 계약 시에 전세금을 크게 인상할 가능성이 높다는 전망이 대부분이다. 전세금이 인상되면 다시 갭 투자가 증가하고 집값이 다시 상승할 것이라고 예측한다. 그러나 집주인이 여러 가지 이유로 월세 계약을 한다면 상황이 달라진다. 오히려 갭 투자가 감소하면서 투자 수요가 크게 줄어들 수 있다. 월세를 통한 갭 투자는 불가능하기 때문이다.

집주인, 즉 임대인은 신규로 갭 투자를 할 필요가 없기 때문에 전세금을 올리는 것보다 안정적인 월세 수입을 선호할 수 있다. 임대인이라면 신규 계약 시 월세 전환을 더욱 원할 수 있다. 반면 임차인은 전세를 계속 원할 수 있다. 그러나 과도하게 오른 전세금과 대출 한계를 감안할 때 불가피하게 반전세 등 월세 계약을 할 수밖에 없는 상황이다. 전세가 월세로 전환되는 비율이 증가할수록 갭 투자는 지속적으로 감소한다. 또 다른 시장 변화 요인이 될 수 있다.

장기적으로는 임대차보호법 등이 시장에 불안 요인을 크게 키운다고 주장하는 사람들이 있다. 특히 처음에는 임대료 규제 덕분에 세입자가 이익을 볼지 모르지만 장기적으로 새 아파트를 지으려는 사람이 없어지고 기존 주택을 돌보지 않아 주택의 질이 떨어질 수 있다고 우려한다. 과거 뉴욕시가 그러한 전철을 밟았다.

뉴욕시는 2차 세계 대전 이후 전쟁에 참전했던 군인들을 지원하기 위해 임대료 규제법을 제정했었다. 정부에서 주택별로 임대료 가격

PART 3. 어떻게 해야 하는가

상한을 정했다. 하지만 임대료가 규제에 묶여 집수리 비용과 인플레이션을 따라가지 못하자 집주인들은 임대를 포기하거나 유지 보수를 하지 않았다. 임대료 상한제 → 임대료 인상 불가 → 집주인 투자 감소 → 주택 노후화 → 신규 주택 감소로 이어진다는 주장과 맞닿아 있다. 선의에서 시작한 임대료 상한제 규제가 주택 시장 문제로 불거질 수 있음을 보여주는 사례다. 그러나 한국의 주택 시장 상황과는 엄연히 다르다.

임대차보호법은 최소한의 규제다. 세입자들이 2년마다 새로운 집을 찾아야 하는 두려움을 갖고 살아가는 나라는 한국이 유일하다. 아무런 보증도 없이 집주인에게 큰돈(전세금)을 빌려주고 그 집에서 살수 있는 나라도 한국이 유일하다. 2021년 기준 전국 아파트 매매가에서 전세금이 차지하는 비율이 56%다. 집을 매입하는 비용의 56%를 세입자가 빌려줬다고 해석할 수 있다.

아무런 규제도 없이 임대차를 시장에 맡겨놓는다면 집주인들이 어떻게 행동할 것인지 쉽게 예측할 수 있다. 게다가 주거 취약층인 임차인을 감안한다면 임대차보호법은 반드시 필요하다. 만약 임대료 규제가 완전히 사라져서 임대료가 천정부지로 상승하고 모두가 비싼 집만 짓게 된다면 주거 취약층은 어디에서 살아야 할까? 시장은 머리뿐만 아니라 가슴도 필요하다.

저는 진짜 임차인입니다

2020년 7월 30일, 임대차보호법이 국회에서 논의될 때 당시 미래통합당 윤희숙 의원이 본회의에서 한 발언이 화제가 됐었다. 그가 진짜 임차인이었는지에 대해서는 논란이 있으나, 법이 통과된 지 2년이 지나는 시점에서 해당 발언을 검토해볼 필요가 있다. 당시 주장을 살펴보면 전세가 월세로 바뀌게 될 것이라는 전망은 적중했다. 실제로 월세가 빠르게 증가하고 있다. 그러나 전제가 틀렸다. 많은 임차인이 전세를 선호한다는 전제다.

임차인들은 전세 제도가 아니라 싼 전세를 원한다. 아무런 보호 없이 전세금이 지속적으로 상승한다면 어떻게 되겠는가? 그리고 임차인들이 근본적으로 원하는 것은 싼 전월세가 아니라 부동산 시장 안정이다. 부동산 시장 안정 차원에서 보면 전세는 결코 좋은 제도가 아니다. 전세 제도로 인해 너도나도 갭 투자에 뛰어들어서 부동산 가격을 올리고 시장을 불안하게 만들기 때문이다. 윤희숙 전 의원의 당시 발언은 많은 사람이 일반적으로 생각하고 있는 임대차 제도에 대한 인식이다. 분명 살펴볼 필요가 있다. 그러나 본질에 대한 고민이 더욱 필요하다. 아래는 당시 발언 전문이다.

저는 임차인입니다. 제가 지난 5월 이사했는데 이사하는 순간부터 지금까지 집주인이 2년 있다가 나가라고 그러면 어떻게 하나, 하는 걱정을 달고 살고 있습니다.

그런데 오늘 표결된 법안을 보면서 제가 기분이 좋았느냐, 그렇지 않습니다. 저에게 든 생각은 4년 있다가 꼼짝없이 월세로 들어가게 되는구나, 하는 생각이었습니다. 이제 더 이상 전세는 없겠구나. 그게 제 고민입니다. 제 개인의 고민입니다.

임대 시장은 매우 복잡해서 임대인과 임차인이 서로 상생하면서 유지될 수밖에 없습니다. 임차인을 편들려고 임대인을 불리하게 하면 임대인으로서는 가격을 올리거나 시장을 나가거나 입니다. 그러면 제가 임차인을 보호하는 것을 반대하느냐? 절대 찬성합니다. 그러면 어떻게 해야 하느냐? 정부가 부담을 해야 합니다. 임대인에게 집을 세놓는 것을 두려워하게 만드는 순간 시장은 붕괴하게 돼 있습니다.

우리나라의 전세 제도는 여러분께서 모두 다 아시겠지만 전 세계에 없는 특이한 제도입니다. 고성장 시대에 금리를 이용해서 임대인은 목돈 활용과 이자를 활용했고 그리고 임차인은 저축과 내 집 마련으로 활용했습니다. 그 균형이 지금까지 오고 있지만 저금리 시대가 된 이상 이 전세 제도는 소멸의 길로 이미 들어섰습니다. 그런데도 많은 사람이 전세를 선호합니다. 그런데 이 법 때문에 너무나 빠르게 소멸되는 길로 들어설 수밖에 없게 된 것입니다. 수많은 사람을 혼란에 빠트리게 된 것입니다. 벌써 전세 대란이 시작되고 있습니다.

제가 오늘 여기서 말씀 드리려고 하는 것은 이 문제가 나타났을 때 정말 불가항력이었다고 말씀하실 수 있습니까? 예측하지 못했다, 이렇게 말씀하실 수 있습니까? 30년 전에 임대 계약을 1년에서 2년으로 늘렸을 때, 2년으로 늘렸을 때 단 1년 늘렸는데 그전 해부터 1989년 말부터 임대료가 오르기 시작해서 전년 대비 30% 올랐습니다. 1990년은 전년 대비 25% 올랐습니다. 이렇게 혼란이 있었습니다. 그런데 이번에는 5%로 묶어놨으니 괜찮을 것이다? 지금 이자율이 2%도 안 됩니다.

제가 임대인이라도 세놓지 않고 아들, 딸한테 들어와서 살라고 할 것입니다. 조카한테 들어와서 살라고, 관리비만 내고 살라고 할 것입니다. 불가항력이고 전혀 예측하지 못했다, 100번 양보해서 그렇다 칩시다. 그렇다면 이렇게 우리나라 1천만 인구의 삶을 좌지우지하는 법을 만들 때는 최소한 우리가 생각하지 못한 문제가 무엇인지 점검해야 합니다. 그러라고 상임위원회의 축조심의 과정이 있는 겁니다. 이 축조심의 과정이 있었다면 우리는 무엇을 점검했을까요? 저라면, 저라면 임대인에게 어떤 인센티브를 줘서 두려워하지 않게 할 것인가, 임대소득만으로 살아가는 고령 임대인에게는 어떻게 배려할 것인가, 그리고 수십억짜리 전세 사는 부자 임차인도 이렇게 같은 방식으로 보호할 것인가, 이런 점들을 점검했을 것입니다.

도대체 무슨 배짱과 오만으로 이런 것을 점검하지 않고 이거를 법으로 달랑 만듭니까? 이 법을 만드신 분들 그리고 민주당, 이 축조심의 없이 프로세스를 가져간 민주당은 오래도록 오래도록 기억될 것입니다. 우리나라의 전세 역사와 부동산 정책의 역사와 민생 역사에 오래도록 기억될 것입니다. 경청해주셔서 감사합니다.

유연한 대응이
필요하다

투자에서 유연한 대응은 성공하기 위한 첫 번째이자 마지막 덕목이다. 성공적인 투자를 하려면 미래를 정확히 예측하기보다 원인을 파악하고 변화를 읽고 대응하는 것이 더욱 중요하다. 그리고 유연한 대응을 위해 무슨 일이든 절대시하지 않아야 한다.

무엇보다 확률적으로 생각하는 연습이 필요하다. 금융 애널리스트인 다부치 나오야는 《확률론적 사고로 살아라》에서 전 미국 재무장관 로버트 루빈의 이야기를 소개한다. 루빈은 "자신이 기대하거나 예상하는 것 이외에 어떤 일이 일어날 수 있느냐에 대해 항상 생각하는 것"이라고 말했다. 확률적으로 생각하면 관성으로부터 벗어날 수 있다. 물리학에서 관성intertia이란 '외부 환경의 변화가 없을 때 정지 또는 등속도 운동을 지속하려는 성질'을 말한다. 생각과 행동도 마찬가지다. 사람들은 외부로부터 큰 충격이 없는 한 기존에 가지고 있던 생각과 행동을 바꾸려고 하지 않는다. 관성이 생기면 유연한 대응을 할 수 없다. 이때 확률적으로 생각하면 기대와 예상이라는 관성에서 벗어날 수 있다.

또 장기적인 관점에서 세상을 바라볼 때 유연한 대응을 할 수 있다. 아이러니하게 들릴 것이다. 일반적으로 유연한 대응이라고 하면 단기간에 행하는 것이라 생각하기 쉽다. 그러나 유연성은 장기적으로 바라볼 때 얻을 수 있다. 단기적으로 변하지 않던 것도 장기적으로 보면 변할 수 있기 때문이다.

장기적으로 생각해 얻을 수 있는 유연한 대응은 강물과 같이 행동하는 것을 의미한다. 노자는 강물을 최고의 선善이라고 했다. 강물은 바다로 흐른다. 강물은 바다로 가면서 돌을 만나면 몸을 나누어 흐르고 구덩이를 만나면 채운다. 절벽에서는 홀연히 몸을 던지고 큰 계곡에서는 속도를 늦춘다. 강물이 다투지 않고 순응하는 이유는 바다라는 거대한 목표로 가기 위해서다. 우리에게도 바다와 같은 거대한 장기 목표가 필요하다. 그리고 장기적으로 생각하면 어떤 상황에서든 유연하게 대응할 수 있다.

부동산 시장에서도 자신만의 장기 목표를 가질 필요가 있다. 쉽게 생각해 내 집 마련, 부동산 투자를 통한 자산 확보 등 자신만의 목표를 세우면 된다. 목표에 따라 시장을 바라보고 분석하고 대응하는 방법은 달라질 수 있다. 단, 목표가 세워졌다면 몸을 가볍게 해야 한다.

특히 시장 변화가 예상될 때는 자신이 짊어진 짐이 최소한이어야 대응할 수 있다. 집값이 하락해 내 집을 마련하기 좋은 시점이 왔는데 은행에 대출이 많다면 아무것도 할 수 없다. 무주택자가 시장 변화에 대응하려면 현재 임대차 계약을 전세에서 월세로 바꿀 필요도 있다. 어느 날 갑자기 목돈이 필요할 수도 있기 때문이다.

모니시 파브라이라는 가치투자자가 쓴《투자를 어떻게 할 것인가》에 흥미로운 투자 이야기가 등장한다. 파파 파텔이라는 우간다 이민자가 미국에 난민으로 정착하게 됐다. 가족을 부양해야 했던 파파 파텔은 최저 임금 일자리를 구해 일하는 것이 최선이라고 생각했다. 그러다 객실이 스무 개인 모텔이 매물로 나온 것을 알게 됐다. 가격이 굉장히 싸다고 생각한 파파 파텔은 모텔을 인수하려고 했다. 그러나 자금이 부족했다. 부족한 자금은 은행 대출을 비롯해 가족이 직접 모텔에 거주하는 방법을 통해 해결했다. 객실 두세 개를 가족이 사용하면서 주택 대출이 필요 없게 됐고 주거를 위해 사용될 자금을 모텔 매입에 활용했다. 심지어 모텔에 고용된 사람을 모두 내보내고 부부가 일하면서 비용을 줄였다. 결과적으로 모텔을 시작으로 파파 파텔의 재산은 이후 눈덩이처럼 불어났다.

사람들은 기회가 왔을 때 돈이 없다거나 시간이 없다는 핑계를 댄다. 그러나 기회는 오히려 무언가를 갖지 않았을 때 잡을 수 있다. 다만 새로운 생각이 필요할 뿐이다. 바로 혁신적인 생각과 행동이다. 모텔을 인수할 돈이 없을 때 자기 집을 팔고 모텔에 거주하면 된다고 생각하는 자세가 중요하다. 유연한 대응을 위해 혁신적인 생각과 행동이 필요한 이유다.

공룡은 왜 사라졌을까? 6,500만 년 전 공룡이 멸종한 이유를 정확하게 알 순 없다. 하지만 공룡보다 훨씬 오래전부터 지구상에 존재했던 바퀴벌레는 아직도 생존하고 있다. 학자들은 동물의 세계에서 몸집이 크고 먹이사슬의 꼭대기를 차지하는 육식동물의 수는 상대적으로 드물고 개미 같은 작은 동물이 넘쳐나는 이유를 생태적 지위 ecological niche에서 찾는다. 생태적 지위는 물리적 위치가 아니라 다른 동물과의 상호 작용을 의미하는 실질적 위치를 말한다. 즉 작은 동물이 많은 이유는 생존하는 데 필요한 먹잇감이 상대적으로 많기 때문이다. 반대로 몸집이 큰 동물은 에너지의 원천이 적기 때문에 개체수가 적고 오래 살아남을 수 없었다. 우리도 눈앞의 상황에 유연하게 대응하려면 상호 작용을 해야 한다. 세상과 시장을 읽고 대응해야 한다. 혼자서 살아남을 수는 없는 법이다.

"운이 좋았다"

전설적인 투자자 워런 버핏은 투자에 성공한 비결을 묻는 질문에 '운'이라고 답했다. 일반적으로 사람들은 안되면 남 탓, 잘되면 내 덕분이라 한다. 이러한 심리를 나타내는 용어가 있다. 바로 자기 위주 편향, 베네펙턴스beneffectance 현상이다. 성공에 대한 자신의 공로는 대단하게 생각하고 실패에 대한 책임은 남이나 환경 탓으로 여기는 인간의 행동 특성을 말한다. 베네펙턴스의 본래 뜻은 자비심, 선행이다. 자기 스스로에게 자비심을 가진다는 의미다. 버핏이 투자에서 성공한 원인은 자기 위주 편향을 버리고 겸손했기 때문이다.

최근 집값이 급등하면서 부동산 투자로 수십억 원을 벌었다는 이야기가 쏟아지고 있다. 다양한 투자 무용담(?)들이 넘쳐나고 있다. 그렇다면 진지하게 물어보자. 부동산 가격이 급등한 이유는 무엇일까? 남다른 동물적 감각으로 투자하고 열심히 공부했기 때문이라고 말할 수도 있을 것이다. 그러나 본질적인 이유는 아니다.

IMF 자료에 따르면 글로벌 주택 가격 지수 산정에 포함된 60여 개국 중 4분의 3에 달하는 국가에서 2020년 이후 집값이 크게 상승했다. IMF는 코로나19 이후 저금리가 집값 상승의 결정적인 이유라고 밝히고 있다. 많은 전문가들도 전 세계 집값이 상승한 것은 전 지구적으로 동시에 발생한 코로나19와 그에 따른 저금리가 원인이라고 지목한다. 내 집값이 오르고, 투자한 부동산 가격이 크게 상승한 것은 자신이 잘해서가 아니라 단순히 운이 좋았을 뿐이다.

운의 영향을 인정하고 받아들였다면 이번에는 사이클에 대한 이해가 필요하다. 투자에서 사이클은 반복을 의미하지 않는다. 변화를 뜻한다. 부동산 시장에서 변화를 찾으려면 변화를 새로운 기준으로 삼고 판단해야 한다. 베이즈 통계학Bayses' statics이 적절한 도움을 줄 수 있다. 베이즈 통계학은 기존 통계학과는 큰 차이점이 있다. 기존의 통계학에서는 모집단을 변하지 않는 대상으로 규정한다. 즉 어떤 상황이 발생해도 선택 기준이 동일하다는 의미다. 반면 베이즈 통계학에서는 모집단의 변화를 인정하고 받아들인다.

예를 들어보자. 도전자가 세 개의 문 중 하나를 선택해야 한다. 한 곳에는 고급 승용차가, 다른 두 문 뒤에는 소들이 기다리고 있다. 도전자가 문 하나를 선택하면(1번 문) 승용차가 어디 있는지 알고 있는 사회자가 2번과 3번 문 중 소가 있는 3번 문을 공개한다. 그리고 사회자는 도전자에게 아직 열리지 않은 2번 문과 도전자가 선택한 1번 문을 바꿀 수 있는 기회를 준다. "선택을 바꾸실래요?"

소가 있는 문 하나의 정보를 알았다고 해도 1번 문 뒤에 승용차가 있을지 없을지는 여전히 알 수 없다. 그러나 소가 있는 문 하나가 공개됨으로써 도전자가 선택을 바꿨을 때 실패할 선택지가 하나 줄어든다. 즉 사회자가 공개한 문에 자동차가 없다는 새 정보를 받아들임으로써 "1, 2, 3번 중 어느 문을 선택할 것인가."라는 기존 질문이 "1번을 계속 선택하느냐 혹은 2번으로 선택을 바꾸느냐."로 바뀐 셈이다. 당연히 당첨 확률은 후자가 더 높아지게 된다. 결국 베이즈 통계의 핵심은 상황에 따라 확률이 바뀌게 된다는 점이다.

당연한 듯 생각되지만 많은 사람이 고정된 시각으로 모집단과 확률 그리고 전망을 판단한다. 변화를 받아들이지 않고 심리적인 편향이 존재하기 때문이다. 상황이 바뀌면 기준과 전망을 바꿔야 한다. 그럼 2022년 한국 부동산 시장을 전망하는 데 필요한 변화된 새로운 기준은 무엇일까?

2022년부터 정책 효과가 본격화될 전망이다. 특히 종합부동산세 강화에 따라 보유세 부담이 크게 증가할 것이다. 벌써부터 '보유세 폭탄' 논란이 거세다. 보유세 강화는 투자 수요를 줄이고 부동산 보유 부담을 크게 만들어 매물을 증가시키는 요인으로 작용할 수 있다. 최근 주택 가격의 빠른 상승으로 주택 수요 자체가 줄어들 가능성이 크다. 한국부동산원 통계에 따르면 주택 구매력 지수는 역대 최고로 낮은 수준을 보이고 있다. 주택 구매력 지수는 중위 소득 가구가 금융 기관의 대출을 받아 중간 가격 정도의 주택을 구입했을 때 대출 원리금 상환을 부담할 수 있는 능력을 의미한다. 주택 구매력 지수가 낮다는 것은 높아진 부동산 가격으로 주택을 구입할 수 있는 가구가 줄어들고 있다는 의미다.

가장 중요한 변화는 금리 인상이다. 코로나19 이후 집값 상승의 원동력이었던 저금리 기조에서 방향을 바꿔 금리를 인상하고 있다. 한국은행에서 기준 금리 인상을 시작했고 이러한 인상 기조는 2022년에도 이어질 전망이다. 비단 한국뿐만 아니라 미국도 향후 3년간 여덟 번의 금리 인상을 시사했다. 금리 인하가 이제 금리 인상으로 바뀌고 있다.

정책, 구매 여력 감소 그리고 금리 인상은 주택 수요를 가장 직접적으로 줄이는 역할을 하게 된다. 주택 수요가 줄어들면 일차적으로 거래량이 크게 감소한다. 시장에서 살 사람이 감소하면 거래가 줄어든다. 수요 감소로 인해 거래가 줄어들고 이어서 가격 상승률은 둔화되기 시작한다. 현재 직면하고 있는 부동산 시장 상황이다.

가격 상승률이 하락하면 집을 투자 목적으로 보유하고 있는 사람들은 집값 전망을 보수적으로 바꾼다. 그렇다면 집을 무작정 보유하는 것보다 매도하는 것이 현명하다고 판단해 시장에 매도 물량이 증가할 수 있다. 즉 매도를 결정하는 중요한 요소는 집값에 대한 전망이다. 수요가 감소하는 상황에서 매도 물량이 증가하면 부동산 가격은 안정화될 가능성이 커진다.

그리고 전망보다 중요한 것이 바로 변화된 조건이다. 변화된 조건에 발맞춰 새롭게 전망하고 판단해야 한다. 높아진 가격과 줄어드는 수요 그리고 금리 인상 상황 속에서 아직도 주택 공급이 부족하다면서 가격 상승을 논하는 것은 현명한 판단이 될 수 없다. 물론 수요가 줄어들어도, 금리가 아무리 올라도 부동산 가격은 계속 오를 것이라고 생각할 수 있다.

"그럼에도 전 1번 문을 선택하겠습니다."와 "아, 저는 모르겠고 그냥 1번 문을 계속 선택하겠습니다."는 완전히 다른 이야기다. 우리의 삶과 투자는 계속돼야 한다. 변화를 받아들이고 고려해 새로운 판단을 해야만 선택의 결과를 통해 지속적으로 발전할 수 있다. 2022년, 어떤 한 해가 될지 예측하기 쉽지 않다. 그러나 우리의 발전과 배움은 스스로 선택할 수 있다. 새로운 선택의 출발점은 운을 인정하고 변화를 받아들이는 일이다.

기회가
온다

주택 가격 하락을 전망할 때 중점을 둬야 하는 것 중 하나가 바로 변동성이 커질 지역의 예측이다. 단도직입적으로 말하면 수요가 감소하는 가운데 매도 물량이 많아지는 지역의 가격 변동 폭이 커질 수 있다. 가능성 차원에서 과거 경험을 살펴보자. 과거 아파트 가격 변동을 보면 동일한 흐름이 한 가지 발견된다. 가격이 많이 오르면 많이 빠지고, 많이 빠지면 많이 오르는 경향을 보인다.

2008년부터 2013년까지 6년간 아파트 가격 하락률을 살펴보면 서울에서 가장 많이 하락한 지역은 강남구로 실거래 가격이 17% 하락했다. 다음으로는 양천구 −16%, 용산구 −14%, 송파구 −13%를 기록했다. 반면 코로나 기간을 제외하고 아파트 가격이 상승한 2014년부터 2019년까지 가격 상승률을 보면 강남구, 송파구, 양천구, 용산구 순으로 나타난다. 경기 지역도 유사한 흐름을 보인다. 하락 기간에 가격이 가장 많이 빠진 지역은 성남시로 2008년부터 2013년까지 24% 하락했다. 주요 하락 지역은 용인시, 김포시, 파주시, 과천시 등이었다. 이후 가격 변동률을 보면 하락이 컸던 곳이 상승률도 높았다. 따라서 가격의 큰 하락률을 나타내는 곳이 향후 상승률도 높을 것이라고 예측할 수 있다. 가격 하락 폭이 확대되는 지역을 찾아야 하는 이유다.

가격 변동 폭이 커질 확률이 높은 지역의 조건은 무엇일까? 바로 수요가 줄어들고 있는 곳이다. 거래량을 보면 수요가 감소하는 지역을 쉽게 찾을 수 있다. 거래량이 빠르게 감소하는 지역일수록 수요, 특히 투자 수요가 줄어들고 있다고 판단하면 된다. 특히 거래량이 감소하는 지역 중에서 잠재 매도 가능 물량(다주택자, 임대 사업자, 1주택자 중 투자 목적 보유자)이 많은 곳에서 큰 가격 하락 폭을 예상할 수 있다.

주택 시장이 투자화될수록 가격이 하락하면 수요는 더욱 감소하고 공급은 증가한다. 가격이 떨어지기 시작하면 하락 우려가 더 커지면서 집을 사려는 사람이 더 줄어든다. 반면 가격이 하락하면 추가 하락에 대한 우려가 커질 때 집을 파는 사람들이 늘어난다. 가격 하락은 추가적인 가격 하락을 불러일으킨다. 가격 하락 폭이 커지면 부동산이 집으로 변한다. 아파트가 투자 목적 부동산 자산에서 사용 목적의 재화로 변한다는 의미다. 자산이 재화로 바뀌는 순간 새로운 변화가 일어난다. 그리고 추가적으로 가격이 하락하면 수요가 증가하기 시작하고 공급(매도 물량)은 감소한다. 부동산이 집으로 변할 때가 바로 주택을 매수할 시점이다.

집값이 하락하면 항상 등장하는 이야기가 있다. 바로 '일본화'다. 생산 가능 인구 감소, 노령화, GDP 대비 높은 부동산 자산 비중, 가계 부채 증가 등 현재 한국이 떠안고 있는 문제는 과거 1990년대 부동산 버블이 꺼지기 전 일본이 겪은 상황과 유사하다. 물론 다른 점도 많다. 똑같은 변화를 예상하지 않는다. 다만 최악의 시나리오 중 하나로 '일본의 전철을 밟는 경우'도 고려해볼 필요가 있다.

집이 온다

Yes Plan이 필요하다

2020년 한국 영화 최초로 아카데미 작품상·감독상·각본상·국제장편영화상을 수상한 영화 〈기생충〉이 대한민국에 던진 메시지는 묵직했다. 가장 인상적인 대목이 계획과 실패에 관한 이해 방식이다. 영화 초반 백수 기택(송강호 분)은 부잣집에 과외 선생으로 들어가게 된 아들을 보고 기특하다며 말한다. "너는 계획이 다 있구나." 전원 백수인 집안에서 돈을 벌게 된 기택의 아들을 대견하게 생각하며 관객들도 웃음을 지었다. 그러면서 역시 계획은 반드시 있어야 한다고 자답했을 것이다.

하지만 반전이 일어난다. 기택이 범죄를 저지르고 나자 아들이 묻는다.

"계획이 뭐예요? 어떻게 하실 거예요?"

"너, 절대 실패하지 않는 계획이 뭔지 아니? 무계획이야, 무계획. 노 플랜No Plan. 계획을 하면 반드시 계획대로 안 되거든, 인생이. 그러니까 계획이 없어야 돼, 사람은. 계획이 없으니까 뭔가 잘못될 일도 없고. 또 애초부터 아무 계획이 없으니까 뭐가 터져도 다 상관없는 거야."

"아버지, 죄송해요."

계획을 세워야 할까, 말아야 할까? 많은 사람이 계획을 세운다. 내 집 마련도 계획 중 하나다. 특히 오랫동안 꿈꿔온 가장 중요한 계획 중 하나이기도 할 것이다. 과연 2022년에는 내 집 마련을 하겠다는 계획을 달성할 수 있을까? 개인의 의지와 능력과는 무관하게 계획 달성이 쉽지 않을 전망이다. 많은 요인으로 인해 불확실성이 커질 것으로 예상되기 때문이다.

우선 변동성이다. 2021년 12월 전국 아파트 실거래가 변동률을 보면 2019년 4월 이후 32개월 만에 처음으로 하락했다. 경기, 부산, 대구, 인천 등 주요 지역의 집값도 하락세로 돌아섰다. 서울도 0% 상승률을 나타냈고, 2022년부터 본격적인 하락세를 보일 것으로 전망된다. 상승을 거듭하던 주택 가격이 떨어지는 원인은 다양하다. 그중에서도 감소하는 주택 수요를 주목해야 한다. 금리 인상과 대출 규제 그리고 과도하게 상승한 집값으로 인해 주택 수요가 빠르게 감소하고 있다.

주택 수요가 줄어들면 제일 먼저 나타나는 현상이 거래량 감소다. 2021년 12월 서울 아파트 실거래 건수는 406건을 기록했다. 그동안 서울 아파트 거래량은 매월 평균 4천 건에서 1만 건을 기록했다. 그러나 최근 1천 건으로 줄어들더니 급기야 400건대로 감소했다. 서울

뿐만 아니라 경기 지역 아파트 실거래 건수도 2021년 12월 기준 2,207건으로 나타나며 통계가 작성된 이래 역대 최저치를 기록했다.

거래량이 줄어드는 가장 직접적인 이유는 수요 감소다. 시장에 수요가 충분하다면 아무리 가격이 상승하더라도 거래량은 증가한다. 수요가 감소하는 시장에서는 가격 변동성이 커진다. 특히 매도 물량 증감에 따라 가격이 급격하게 변화할 가능성이 높다. 매도 물량이 많아지면 가격이 급락하기도 하고 갑자기 줄어들면 빠르게 회복하기도 한다. 향후 부동산 가격 변동성이 커질 것으로 전망하는 이유다.

빠르게 상승하고 있는 금리도 부동산 시장 변화에 영향을 줄 가능성이 크다. 2022년 4월 14일 한국은행은 기준 금리를 0.25%포인트 인상했다. 기준 금리가 1.50%로 오르면서 코로나19 팬데믹 이전인 2019년 수준으로 돌아갔다. 기준 금리 인상으로 부동산 대출 금리도 상승하고 있다. 문제는 이러한 상승세가 지속될 전망이라는 점이다. 금리가 인상되면 직접적인 이자 비용 증가뿐만 아니라 부동산 시장 참여자들의 심리를 위축시킬 수 있다.

물론 기준 금리 인상에도 불구하고 금리의 절대 수준이 아직 낮아 부동산 시장에 미치는 영향이 크지 않을 것이라는 의견이 있다. 그러나 속도와 상승률을 주목해야 한다. 금리 0.5%가 1%로 인상됐다는 것은 두 배로 상승했다는 의미다. 속도와 상승률은 심리에 직접적인 영향을 준다. 매월 50만 원 이자를 내던 대출자가 100만 원을 내게 된다면 마음이 어떻게 바뀔 것인지 생각해보라.

내 집 마련 계획을 방해하는 또 다른 환경 변화는 정책이다. 새로운 정부의 부동산 정책이 급변할 가능성이 높다. 불확실성은 우리의 계획 달성을 어렵게 하는 중요한 요소다. 정책 변동성은 불확실성을 확대시키고 계획을 세우기 어렵게 만드는 요인이다.

그렇다면 어떻게 해야 할까? 그동안의 집값과 거래량 변동 추이를 보면 흥미로운 사실을 발견할 수 있다. 사람들은 집값이 상승할 때 집을 사고, 집값이 하락할 때는 집을 팔거나 사지 않는다. 강남을 중심으로 2010년부터 2013년까지 아파트 가격이 하락했다. 가격 하락이 지속되면서 시장 참여자들의 우려는 커지고 실수요자들도 집을 매수하기보다 임대 시장으로 몰려들었다. '집보다 차', '부동산 불패는 없다'는 말이 사람들을 지배하는 심리를 대변했다. 그러나 이후 시장은 어떻게 변화했는가. 2014년부터 유례없는 상승세가 이어졌다. 이제 반대로 집값이 오르자 집값은 영원히 오르는 것이라며 너도나도 부동산 매수에 뛰어들고 있다.

2022년을 전망하면 사람들의 의지(?)와는 다르게 부동산 시장이 위축될 가능성이 크다. 수요 감소, 금리 인상, 대출 규제, 정책 불확실성 등 대내외적 환경이 부동산 시장에 우호적이지 않다. 상승하던 가격은 하락하고 거래량도 쉽게 회복되기 어려울 전망이다. 그렇다면 무엇을 해야 할까? 계획을 세우지 말아야 할까?

아니다. 역설적이지만 이제부터가 바로 본격적인 계획을 세워야 할 시점이다. 앞으로 어디에 내 집 마련을 해야 하는지, 자금 조달 계획을 어떻게 세워야 하는지에 대해 장기적으로 바라보고 준비할 것을 제안한다. 시장이 어려워진다는 것은 또 다른 기회를 의미하기도

한다. 계획이 있어야 시장이 어려워질 때 실행할 수 있다. 2022년은 계획을 세우는 한 해가 돼야 한다. 물론 계획과 실행은 서로 다른 의미다.

영화와 달리 우리는 오늘뿐만 아니라 내일도 살아야 한다. 나 혼자만 사는 것이 아니라 배우자 또는 자녀 세대와 함께 살아가야 한다. 그렇다면 더욱더 계획이 필요하다. 지금은 노 플랜No Plan이 아니라 예스 플랜Yes Plan이 필요하다.

Part 4.

심리적 영향이 크기 때문에 부동산 가격은 합리적으로 결정되기 어렵다. 호황일 때 가격이 과도하게 상승하고 불황일 때 가격 하락 폭이 커지는 비이성적 과열(irrational exuberance) 현상을 보인다. 정보 비대칭도 부동산 시장에 영향을 미친다. 부동산은 서로 다르고 주식 시장처럼 신뢰할 수 있는 거래소가 존재하지 않는다. 게다가 매도자는 매수자보다 훨씬 더 많은 정보를 가지고 있다. 이러한 정보 비대칭으로 인해 주관적인 판단이 시장을 변화시키는 주요 요인이 된다.

투자에 성공하기 위해
반드시 알아야 할
행동 지침

먼저 인과관계와 상관관계를 구별해야 한다

투자에서 성공하기 위한 첫 출발점은 인식의 전환이다. 생각이 바뀌지 않으면 아무것도 바꿀 수 없다. 세상과 시장을 명확히 바라볼 때 생각을 바꿀 수 있다. 또 사실보다 진실에 다가가기 위해 노력해야 한다. 우선 인과관계와 상관관계를 구별할 줄 알아야 진실을 볼 수 있다. 인지 편향을 최소화하는 노력도 필요하다. 지금 당장 필요한 건 세상을 새롭게 보는 방법이다.

미래를 예측하려면 변화를 일으키는 변수를 찾아내야 한다. 변화의 원인을 찾아야 예측할 수 있고 그에 따라 투자할 수 있기 때문이다. 그에 앞서 상관관계와 인과관계의 차이를 알아야 한다. 만약 A라는 변수가 B라는 변수의 원인이 된다면 A라는 변수의 변화는 반드시

B라는 변수의 변화를 가져올 것이다. 이때 변수 간의 관계가 단순한 상관관계라면 반드시 영향을 준다고 볼 수 없다.

날씨가 추워서 오리털 파카와 핫팩이 잘 팔릴 수 있다. 둘 사이에는 분명한 인과관계가 있다. 그러나 핫팩 판매량과 오리털 파카 매출은 상관관계가 있을 뿐 인과관계는 없다. 만약 둘 사이에 인과관계가 존재한다고 판단해 핫팩이 잘 팔릴 때 오리털 파카를 열심히 만들면 낭패를 볼 수 있다. 핫팩이 잘 팔리는 원인이 날씨 때문이 아니라 BTS가 광고를 시작했기 때문이라면 이해가 될 것이다. 인과관계를 파악하려면 면밀한 조사가 필요하다.

부동산 투자에서도 왜 가격이 상승했는지, 왜 거래량이 감소하고 있는지 원인을 잘 파악해야 한다. 그래야만 올바른 판단과 전망을 할 수 있다. 주식 투자에서도 인과관계를 파악하는 일은 매우 중요하다. 하지만 중요성을 잘 알고 있음에도 불구하고 실제로 투자를 하다 보면 인과관계와 상관관계를 혼동하는 경우가 많다.

어떤 일의 원인을 판단하고 발견하는 것은 투자뿐만 아니라 살아가는 과정에서도 매우 필요하다. 실제로 한 친구가 고민을 이야기한 적이 있다. 초등학생 아들이 나이에 맞지 않게 값비싼 레고 장난감을 자꾸 사달라고 조른다는 것이다. 코로나 때문에 아들이 친구들과 놀지도 못한다고 생각하니 안타까운 마음이 들어 몇 번 사줬다고 친구는 말했다. 그런데 한번 만들고 나면 갖고 놀지도 않고 또 새로운 걸 사달라고 졸라대는 통에 곤란하다며 내게도 그런 경험이 있는지 물었다. 왜 친구 아들은 레고를 자꾸 사달라고 했을까?

"레고 만들 때, 같이 도와주겠네?"

"응, 어른들도 만들기 힘들어."

"이번 주말에는 베드민턴을 같이 쳐봐. 레고 하지 말고."

"?"

"○○는 레고가 좋은 게 아니라 아빠하고 같이하는 시간을 좋아하는 것 같은데?"

몇 달 후 다시 만난 친구는 웃으면서 말했다.

"이제 레고 사달라고 안 해!"

친구는 아들이 레고를 사달라고 하는 원인이 무엇인지 제대로 파악하지 못했다. 친구의 아들은 레고를 원한 게 아니었다. 아빠하고 같이 놀면서 이야기하는 시간이 좋아 조립하는 데 시간이 많이 걸리는 레고를 사달하고 한 것이었다. 그 친구가 인과관계를 정확히 파악했다면 쉽게 해결할 수 있는 문제였다.

인과관계를 찾고자 노력하면 현재를 정확히 파악할 수 있고 그에 기반해 확률 높은 미래를 예측할 수 있다. 이때 가장 필요한 것은 상관관계의 유혹을 떨쳐내는 것이다. 이 세상에 함께 움직이는 것은 너무나 많다. 그러나 같이 움직인다고 해서 모두 같은 마음은 아니라는 점을 기억해야 한다.

인지 편향을
최소화해야 한다

인지 편향Cognitive bias은 경험에 의한 주관적이고 비논리적인 추론으로 인해 잘못된 의사 판단을 내리는 것을 의미한다. 투자에서도 인지 편향 현상이 빈번하게 발생해 문제가 될 수 있다. 부동산 시장에서도 인지 편향에 따른 선택 오류가 자주 발생한다. 부동산은 다른 자산 대비 유동성이 낮고 정보가 투명하지 않아 비대칭성이 높기 때문이다. 또 많은 사람이 부동산 시장을 판단할 때 주관적인 정보에 의지한다. 좀 더 현실적으로 이야기하자면 대부분 부동산을 감정적으로 판단한다. 부동산 시장에 심리적 영향이 크게 반영되는 이유다.

심리적 영향이 크기 때문에 부동산 가격은 합리적으로 결정되기 어렵다. 호황일 때 가격이 과도하게 상승하고 불황일 때 가격 하락 폭이 커지는 비이성적 과열irrational exuberance 현상을 보인다. 정보 비대 칭도 부동산 시장에 영향을 미친다. 부동산은 서로 다르고 주식 시장처럼 신뢰할 수 있는 거래소가 존재하지 않는다. 게다가 매도자는 매수자보다 훨씬 더 많은 정보를 가지고 있다. 이러한 정보 비대칭으로 인해 주관적인 판단이 시장을 변화시키는 주요 요인이 된다. 부동산 시장에서 버블의 크기가 커지는 이유도 정보 비대칭에서 찾을 수 있다. 부동산 시장을 주식 시장과 단순히 비교하면 더 비합리적이고 비효율적으로 거래될 가능성이 높다.

부동산 시장 변화에 심리가 미치는 영향이 큰 만큼 부동산 가격 변화를 이해하고 예측하려면 시장 구성 요소뿐만 아니라 시장에 참여한 투자자들의 행태를 관심 있게 지켜봐야 한다. 실제로 많은 연구 결과에서 부동산 시장에 참여하는 투자자들이 다양한 인지 편향적 오류를 범하는 것으로 분석하고 있다.

부동산 가격이 상승할 때는 과신, 낙관주의, 대표성 편향, 귀인 편향 등이 주로 나타난다. 반대로 시장이 침체됐을 때 손실 회피, 앵커링 효과, 거짓 준거점, 친근성 편향 등이 가격을 과도하게 하락시킨다. 이러한 심리적 영향이 부동산 시장의 기본 속성인 유동성 리스크, 높은 거래 비용과 만나면 부동산 가격의 변동성을 크게 키운다.

대표적으로 양떼 효과(양들이 우두머리를 따라 움직이는 모습에서 유래한 추종 심리 현상, 가격이 오르면 따라 사고, 가격이 하락하면 따라서 파는 현상을 말한다)와 집단 사고(여러 사람이 모여 내린 판단이 훨씬 옳고 현명할 것이라고 믿는 경향을 말한다)는 부동산 시장에서 버블을 일으키는 심리적 영향이다.

특히 양떼 효과가 손실 회피 성향과 만날 때 최악의 결과를 만든다. 부동산이 비유동적 자산이기 때문이다. 일반적으로 부동산 투자자들은 3의 법칙a rule of three을 따른다는 연구 결과가 있다.

부동산 가격 하락 1단계에서는 대부분의 투자자들이 가격 하락을 단기적 변동으로 이해한다. 두 번째 조정 단계에서는 일부 투자자들이 사태의 심각성을 판단하지만 여전히 대부분의 투자자는 부동산을 계속 보유한다. 마지막으로 세 번째 하락 단계에서는 부동산 가격이 급격하게 하락한다. 바로 이때 대부분의 부동산 투자자들이 동시에 매도로 몰리기 때문이다. 양떼 효과 이외에도 프레임 효과 같은 심리적 편향이 부동산 거래에서 많이 발견된다.

부동산 시장이 호황이면 사람들은 부동산 가격은 항상 오른다고 말한다. 뉴스를 검색해봐도 부동산 가격이 급등했던 2006년과 2021년에 부동산 가격 상승이 항상 오를 수밖에 없다는 기사가 많이 나온다.

"공급은 제한적이다. 따라서 부동산 가격은 항상 오른다. 부동산은 좋은 투자 수단이다."

"사람들은 집이나 부동산처럼 안전하고 안정적인 투자는 없다는 사실을 잘 안다."

투자는 미래에 하는 것이기 때문에 언제든 예상치 못한 상황이 발생한다. 그런 예상치 못한 상황을 통해 계속 학습하며 발전해야 투자에서 성공 확률을 높일 수 있다. 더불어 성공이나 실패에서 무엇인가를 배우려면 자신의 한계를 인지해야 한다. 한계는 본질적으로 인간의 본성과 연결돼 있다. 인간 행동의 본질과 심리를 파악하고 행동에 미치는 영향을 이해해야 지속적으로 더 나은 의사 결정을 할 수 있다.

애덤 스미스라는 필명으로 활동한 조지 굿맨George J. W. Goodman은 《머니게임》에서 "당신이 누군지 잘 알지 못한다면, 주식 시장은 그것을 알게 해줄 가장 비싼 곳입니다."라고 말했다. 주식이든 부동산이든 투자로 움직이는 시장에 참여하려면 투자 결정과 자산을 배분하는 데 영향을 미치는 잠재적인 편향을 알고 있어야 한다. 인간의 인지 편향 같은 심리적 배경지식을 행동 경제학과 접목해 투자에 적용하면 투자 방식을 이해하고 전망하는 데 통찰력을 얻을 수 있다.

부동산뿐만 아니라 주식 시장에서 일어나는 많은 혼란과 비이성적 행동도 사람들의 인지 편향에 따라 발생하는 경우가 많다. 사실상 생각의 오류와 편향을 피하기란 매우 어렵다. 부동산 투자든 주식 투자든 자신만의 규칙이 필요하다. 판단의 결과가 미치는 영향이 크다면 인지 편향 오류 목록을 보면서 자신의 판단에 오류가 없는지 살펴보는 것도 좋은 방법이다.

대출 전문 기업 타이틀맥스TitleMax의 마케팅 부사장 칼리 홀먼Carly Hallman은 50개 유형의 인지 편향을 정리했다. 인지 편향에 대해 사전에 파악하고 있으면 사람들의 심리가 의사 결정에 미치는 영향을 분명하게 인식하는 데 도움을 받을 수 있다. 인간은 어쩔 수 없이 나약한 존재다. 우리는 모두 연약하고 불안정하다. 하지만 그렇기 때문에 우리는 훨씬 더 나은 존재가 될 수 있다.

인지 편향 오류

3인칭 효과 Third-Person Effect : 자신을 제외한 다른 사람들이 대중매체에 의해 소비나 인식에 더 많은 영향을 받는다고 생각하는 경향을 말한다. "우리는 분명히 언론에 세뇌되고 있어!" 그러나 스스로도 마찬가지로 대중매체에 영향을 받고 있다. 혼자만 예외일 수 없다.

가용성 편향 Availability Cascade : 어떤 정보와 감정이 연쇄 반응을 통해 확산되면서 대중적으로 인정되는 현상을 말한다.

가용성 휴리스틱 Avaliablity Heuristic : 대부분 사람들은 어떤 판단을 할 때 마음에 떠오르는 즉각적인 예에 의존한다. 대표적으로 미디어가 가용성 휴리스틱에 따른 행동 편향으로 인해 투자에 미치는 영향이 커지고 있다. 신문이나 방송에 자주 나온 뉴스일수록 관련 사건이 실제보다 많이 일어날 것이라 생각하기 쉽다. '아파트 역대 최고가 거래'라는 뉴스가 자주 나올수록 비합리적인 선택을 강요당할 수 있다.

거짓 기억 False Memory: 상상을 실제 기억으로 착각하는 현상을 말한다. 상상을 실제 사건이나 정보로 알고 전달하면 잘못된 영향을 키울 수 있다. 특히 SNS 사용이 확대되면서 거짓 기억에 따른 잘못된 정보들이 투자에도 큰 영향을 미칠 수 있다.

고정 관념 Stereotyping: 특정 개인에 대한 구체적 정보가 없음에도 불구하고 그룹 구성원이기 때문에 고유한 특징을 가지고 있다고 생각한다. 기존부터 가지고 있던 생각이나 지식을 절대 바꾸지 않는 것도 고정 관념 편향의 한 형태라 할 수 있다. 투자에서는 고정 관념을 버리고 유연한 생각을 가져야 성공할 수 있다.

구글 효과 Google Effect, a.k.a. Digital Amnesia: 검색 엔진을 통해 쉽게 찾을 수 있는 정보는 잊어버리는 경향을 말한다. 반대로 검색 엔진을 통해 쉽게 찾을 수 있다고 생각하는 오류를 범하기도 한다. 만약 검색된 내용이 사실과 다르다면 투자에서 큰 낭패를 볼 수 있다.

권위 편향 Authority Bias: 권위자들을 신뢰하고 그들에게서 더 큰 영향을 받는 현상을 말한다. 투자에서도 권위자들에게 의지하는 경우가 많다. 그러나 투자 행위는 개별적이다. 권위가 있다고 해서 개개인에게 모두 도움이 될 수는 없다. 시장에 대한 전망이 모두 맞는다는 보장도 없다. 오히려 틀리는 경우가 더 흔하게 존재한다.

기본적 귀인 오류 Fundamental Attribution Error: 타인의 행동을 설명할 때 성격 같은 내부 요인을 과대평가하곤 한다. 반면 자신을 평가할 때는 환경 같은 외부 요인을 과대평가하곤 한다. 친구가 수업에 늦었으면 게으르다고 생각하지만 자신이 늦으면 유난히 아침에 차가 많이 막혔기 때문이라고 생각한다.

낙관주의 편향 Optimism Bias: 자신에겐 부정적인 일이 일어날 가능성이 적고 긍정적인 일이 일어날 가능성은 높다고 믿는 오류를 말한다. 지나친 낙관주의는 투자에서 큰 손실로 이어질 수 있다. 주가가 떨어져도 내가 부동산을 높은 가격에 사면 언젠가 오를 것이라는 낙관주의는 때로 큰 불행의 씨앗일 수 있다.

내집단 편애 In-Group Favoritism: 외집단보다 내집단에 속해 있는 사람들을 더욱 선호하는 경향을 말한다. 자신이 속한 집단에 대해서는 무비판적이고 호의적이며 관대하게 평가하고 지지한다. 반면 집단 밖에 있는 사람들에 대해서는 정반대의 특성을 보인다. 이는 다양한 의견을 무시하는 결과를 초래할 수 있다.

더닝-크루거 효과 Dunning-Kruger Effect: 아는 것이 적을수록 자신감이 생기고 알면 알수록 자신감이 떨어지는 현상을 말한다. 실제로 투자를 실행할 때 더닝-크루거 효과가 자주 발견된다. 처음 투자를 하면 무리한 투자를 하게 되고 더 많이 알게 될수록 소심한 투자를 하게 된다.

도덕적 우연 Moral Luck: 도덕적인 판단이 결과에 따라 달라지는 경향을 의미한다. 긍정적인 결과를 만들어냈다면 도덕적이고, 부정적인 결과라면 도덕적으로 문제가 있다고 판단하는 식이다. 투자에서 성공한 것과 도덕적인 것과는 엄연히 다를 수 있다. 돈을 벌었다는 사람들에게 빈번히 사기를 당하는 이유가 바로 도덕적 우연이라는 편향에서 비롯한다.

도박사의 오류 Gambler's Fallacy: 확률적으로 연관성이 없는 사건을 연관시켜 범하는 오류를 의미하다. 도박사는 게임에서 많은 돈을 잃고 나면 이후부터 확률적으로 돈을 따게 될 것이라 생각한다. 그러나 일어난 사건과 앞으로 일어날 사건은 서로 독립적으로 발생한다.

매몰 비용 오류 Sunk Cost Fallacy, a.k.a. Escalation of Commitment: 어떤 일을 추진하면서 이미 투입한 노력, 시간, 돈 등을 생각해 실패가 분명한데도 쉽게 포기하지 못하는 오류를 의미한다.

맹점 편향 Blind Spot Bias: 다른 사람이 주장하는 바는 편향됐고 자신의 비합리적인 주장은 편향이 아니라고 생각하는 오류를 말한다. 투자에서도 자기 우월적인 편향이 문제될 수 있다. 자신의 생각만이 옳고 다른 의견이나 주장은 편향됐다고 생각하면 투자에서 좋은 성과를 내기 힘들다. 투자에서 성공하려면 자기 생각을 고집하지 않고 상황을 정확히 파악해 천천히 생각하며 마음을 바꿀 수 있는 자세를 갖춰야 한다.

미완성 효과 Zeigarnik Effect: 완료된 일보다 미완료된 일을 더 강하게 기억하는 현상을 말한다.

방관자 효과 Bystander Effect: 주변에 다른 사람이 많을수록 피해자를 도울 가능성이 낮아지는 심리를 말한다. 이는 투자에서도 부정적인 영향을 미친다. 특히 공동 투자를 할 때 책임은 지지 않으려 하면서 이익만 보려는 심리로 인해 대부분 부정적인 결과를 얻는다.

방어적 귀인 Defensive Attribution: 자신을 보호하기 위해 편향적 사고를 가지고 상황을 해석하는 것을 의미한다. 예를 들어 범죄를 당한 피해자와 자신이 얼마나 다른지 비교함으로써 자신은 안전하다고 느끼는 심리다. 피해를 받을 만한 행동을 했기 때문에 피해를 받은 것이라고 생각하는 순간, 자신은 안전하다는 기분을 느낄 수 있지만 인과관계에 대한 판단을 제대로 하지 못하게 된다.

벤 플랭클린 효과 Ben Franklin Effect: 자신을 도와준 사람보다 자신이 도와준 사람에게 더욱 친밀감을 느끼는 현상을 말한다.

비관주의 편향 Pessimism Bias: 나쁜 일이 일어날 가능성을 높게 생각하는 경향을 말한다. 지나친 비관주의는 객관적인 사실을 보지 못하게 만들고 소극적인 행동과 투자로 이끈다.

사소함의 법칙 Law of Triviality, a.k.a. Bike-Shedding: 복잡하고 근원적인 문제를 해결하려고 노력하기보다 사소한 문제에 더 집중하는 경향을 말한다.

생존 편향 Survivorship Bias: 살아남거나 성공한 것에만 주목하고 실패한 것을 고려하지 않는 경향을 말한다. 부동산 투자 책을 읽고서 쉽게 자신감을 얻어 투자에 뛰어드는 사람이 많다. 또 실패한 사람보다 성공한 사람들의 이야기를 더 많이 듣게 된다. 그러나 현실은 그리 녹록지 않다. 성공보다 실패한 예가 훨씬 많다. 최대한 가능성을 낮게 보고 투자에 나서야 한다.

쇠퇴론 Declinism: 사회나 제도가 전반적으로 나빠지고 있다고 생각해 과거를 낭만적으로 생각하고 미래를 부정적으로 보는 경향을 말한다. 그러나 지금 우리가 살고 있는 현재가 과거보다 모든 면에서 훨씬 낫다. 먹고 마시는 음식만 봐도 답을 알 수 있다.

순진한 냉소주의 Naive Cynicism : 다른 사람들이 자신보다 자기중심적이라고 생각하는 경향이 강한 것을 의미한다. 순진한 냉소주의 편향을 가지면 상황과 현상을 객관적으로 판단하지 못하게 된다.

순진한 현실주의 Naive Realism : 자신은 객관적이고 신중하게 판단하기 때문에 올바른 판단을 내리고 다른 사람들은 비이성적이고 편향돼 잘못된 의사 결정을 내린다고 생각하는 경향을 말한다. 자신의 투자 방법이 맞는다고, 자신은 전망을 잘한다고, 다른 사람들은 틀렸다고 생각한다면 순진한 현실주의 편향에 빠졌다고 할 수 있다.

스포트라이트 효과 Spotlight Effect : 자신의 외모와 행동에 대한 타인의 관심을 과대평가하는 심리를 말한다. 자신이 새로 산 옷을 남들이 보고 어떻게 평가할까 걱정하지만 사실 대부분 사람들은 남들이 무슨 옷을 입었는지 관심이 없다.

신념 편향 Belief Bias : 어떤 주장의 옳고 그름을 판단할 때 결론에 대한 근거가 충분한지를 생각하지 않고 결론이 자신의 마음에 얼마나 드는지를 고려하는 경향을 말한다. 내 생각이나 주장과 같다면 근거가 없는 주장이라고 해도 맞는다고 생각하고, 나와 반대라면 논증을 통해 근거가 충분한 주장일지라도 모두 틀린 말이라고 생각한다. 인터넷을 떠도는 수많은 댓글에서 이러한 편향을 쉽게 확인할 수 있다.

심리적 반발 편향 Psycological Reactance Bias, Reactance Effect: 자유를 억압한다고 생각하면 오히려 그것을 적극적으로 추구하는 경향을 말한다. 외부에서 누군가 특정 견해를 받아들이도록 압력을 가할 때 사람들은 그에 순응하기보다 자신의 의지를 보여주려고 열심히 반발한다. 투자에서도 누군가 사지 말라고 하면 사고 싶고, 사라고 하면 더욱 사기 싫어하는 경향을 보인다.

앵커링 효과 Anchoring Effect: 처음 접한 정보에서 크게 벗어나지 못하고 의사를 결정하게 되는 경향을 말한다. 닻 내림 효과라고도 한다. 배가 어느 지점에 닻을 내리면 움직이지 못하듯이 사람들의 생각이 하나의 정보에 고정돼 판단에 영향을 주는 현상이다. 예를 들어 아파트 가격이 5억 원에 거래됐다가 10억 원에 거래됐다고 하자. 이후 곧바로 9억 원에 매물이 나왔다면 10억 원에 닻 내림 효과가 발생해 9억 원을 싸게 느끼고는 급하게 매수하려 든다. 합리적으로 생각하면 5억 원에 비해 9억 원도 상당히 비싼 가격이다. 대표적인 앵커링 효과다. 투자 시장에서는 앵커링 효과를 이용한 담합이나 불공정한 행위가 일어나기도 한다.

역 효과 Backfire Effect: 자신의 신념과 반대되는 주장을 접할수록 반발 심리가 생겨 오히려 자신이 가진 신념을 더욱 강화시키는 경향을 말한다. 투자에서 강세장이 지속될수록 누군가 가격이 너무 올랐다거나 조정이 올 것이라고 이야기하면 반발 심리로 인해 정확한 분석 없이 주택 가격이 지속적으로 올라갈 것이라는 신념이 더욱 강화될 수 있다.

외집단 동질성 편향 Outgroup Homogeneity Bias: 자신이 속한 집단은 다양성을 존중하면서 다른 집단은 '그 놈이 그 놈'이라는 식으로 단순하게 동질화해 판단하는 오류를 말한다.

이기적 편향 Self-Serving Bias: 일이 잘되면 자신이 열심히 한 덕분이고, 일이 잘못되면 남이나 환경 탓을 하는 경우를 말한다. 쉽게 말해서 잘되면 내 덕분, 안되면 남 탓을 하는 것이다. 투자에서도 빈번하게 일어나는 편향이다. 투자 수익이 크면 자신이 잘해서고 손실이 크면 시장이나 규제 탓을 하는 경우가 빈번하다.

이케아 효과 IKEA Effect: 스스로 만들거나 참여한 것에 더 높은 가치를 부여하는 심리를 말한다.

자동화 편향 Automation Bias: 자동화된 시스템에 지나치게 의존해 때로는 올바른 결정과 판단도 자동화를 통해 수정하려고 한다. 자동화라고 해서 모두 옳다고 말할 수 없다. 특히 사람들의 인지 편향에 의해 변동되는 투자 시장에서 자동화된 시스템은 더 큰 오류를 일으킬 수 있다.

잠복 기억 Cryptomnesia: 실제 기억을 상상으로 착각하는 현상을 말한다. 사람들은 다른 사람으로부터 듣거나 글에서 읽었음에도 자신의 머릿속에 떠오른 똑같은 생각이 독창적이라고 여긴다. 잠복 기억은 표절의 이유가 되기도 한다.

정의로운 세상 가설 Just-World Hypothesis: 누군가에게 나쁜 일이나 불행한 상황이 발생했을 때 관찰자 입장에서는 세상이 공정하고 공평하므로 아무것도 하지 않았다면 절대 그런 일이 일어나지 않았을 거라고 믿는 심리를 말한다. 속담에 비유하면 "아니 땐 굴뚝에 연기 나랴?"다. 정의로운 세상에 대한 믿음은 자연스럽게 우리 스스로 삶을 통제할 수 있다고 믿는 경향을 강화시킨다. 투자에서도 시장은 항상 옳다거나 시장에 맡겨야 한다는 이야기를 자주 듣는다. 일종의 정의로운 세상 가설에 빠진 오류일 가능성이 크다.

제로 리스크 편향 Zero-Risk Bias: 여러 위험이 존재할 때 전체 리스크를 줄이려고 하기보다 최소한 하나의 위험을 완벽히 제거하는 것을 선호하는 오류를 말한다. 그러나 전체 리스크를 줄이는 것이 보다 합리적인 선택이다.

지식의 저주 Curse of Knowledge: 자신이 알고 있는 지식을 타인도 알고 있다고 가정하는 오류를 말한다. 지식이 깊어지면 그 지식을 모르는 상태가 어떤지 상상하기 어렵게 된다. 투자에서도 지식의 오류 때문에 문제가 발생하기도 한다. 가상화폐를 예로 들어보자. 가상화폐 투자가 증가하고 있지만 실제로 가상화폐에 직접 투자한 사람은 많지 않다. 이때 자신은 가상화폐에 대해 잘 알고 투자한다거나 다른 사람들도 대부분 알고 투자한다고 생각하는 오류를 범할 수 있다.

집단 사고 Groupthink: 자신이 속한 집단에 순응하고 갈등을 최소화하기 위해 비합리적인 결정을 내리는 경우를 말한다. 부동산 분야 최고 학자인 로버트 실러Robert Shiller 예일대 교수는 집단 사고가 사람들의 이성적 판단을 가로막고 있다고 한다. 실러 교수는 서브프라임도 주택 시장에 거품에 있다는 경고를 간과하고 집단 사고, 즉 주택 시장은 영원히 좋다는 의견을 따랐기 때문에 벌어진 일이라고 말한다.

클러스터 착각 Clustering Illusion: 우연히 발생한 현상이나 무작위 데이터에서 패턴을 찾으려는 현상을 말한다. 예를 들어 복권 당첨 번호에서 다음 당첨 번호를 분석하려는 시도 같은 것이다. 그러나 복권 당첨 번호는 우연히 나온 것이고 다음 당첨 번호와 전혀 상관이 없다.

타키사이키아 Tachypsychia: 위험이나 인식 변화에 따라서 시간이 빨라지거나 느려지는 것처럼 느껴지는 현상을 말한다. 투자에서도 주관적인 인식에 따라 시간을 잘못 측정하기도 한다. 실제로는 자산 가격이 두 달 동안 상승했는데 일주일 만에 상승한 것처럼 느껴지기도 한다.

편승 효과 또는 밴드왜건 효과 Bandwagon Effect: 다른 사람이나 다수 소비자의 선택이나 유행을 따라서 상품을 구입하거나 투자하는 경향을 말한다. 밴드왜건Bandwagon은 서커스나 놀이공원 퍼레이드의 가장 선두에서 흥겨운 음악을 연주하며 사람들을 이끄는 마차를 의미한다. 밴드왜건이 나타나면 사람들은 그들이 인도하는 대로 따라 움직인다. 투자에서도 밴드왜건 효과를 쉽게 발견할 수 있다. 많은 사람이 좋다고 말하는 부동산이나 주식은 이유 없이 좋아 보이기도 한다.

포러 효과 Forer Effect: 사람들이 일반적으로 가지고 있는 성격이나 심리적 특징을 자신만의 특징으로 여기는 경향을 의미한다. 누구에게나 어디에서나 적용할 수 있는 상황이 특정 개인에게만 적용된다고 믿는 심리다. 쉽게 말해서 코에 걸면 코걸이, 귀에 걸면 귀걸이인 상황을 의미한다. 투자에서도 일반적인 조언이나 전망을 심각하게 받아들여 행동하는 경우를 말한다.

프레이밍 효과 Framing Effect: 문제 표현 방식에 따라 동일한 사건이나 상황에도 개인의 판단이나 선택이 달라질 수 있는 현상을 말한다.

플라시보 효과 Placebo Effect: 가짜 약일지라도 치료에 효과가 있다고 믿으면 실제로 작은 효과가 나타나는 현상을 말한다.

피암시성 Suggestibility: 특히 아이들에게서 많이 나타나는 현상으로, 다른 사람의 생각, 태도 또는 행동을 쉽게 무비판적으로 받아들이는 심리를 말한다.

합의 편향 False Consensus: 자신의 생각이나 신념, 행동이 실제보다 더 일반적이라고 생각하는 경향을 말한다. 집값이 계속 오르면 주택 가격이 당분간 오르기만 할 것이라는 강한 확신을 갖고 다른 사람들도 같은 생각을 한다고 믿는다. "다른 사람들도 다 그렇게 생각한단 말이야!"

현상 유지 편향 Status Quo Bias: 일반적으로 사람들은 현재 상태를 유지하는 것을 선호하는 경향을 보인다. 투자에서도 환경 변화에도 불구하고 자신의 믿음이나 포지션을 계속 유지하려고 한다.

확증 편향 Confirmation Bias: 자신의 인식을 확인시켜주는 정보를 찾고 기억하려는 심리를 말한다. 유연한 투자가 필요한 상황에서 확증 편향에 빠지면 잘못된 투자를 하기 쉽다.

후광 효과 Halo Effect: 어떤 상황이나 사물, 사람을 평가할 때 부분적인 특성이 전체적인 평가에 영향을 주어 객관적이지 못한 판단을 하게 되는 경향을 말한다. 후광 효과도 투자에 영향을 미친다. 특히 부동산 투자에서 자주 발견된다. 주택 투자를 통해 집을 몇 채 가지고 있는 사람들의 말을 무조건 추종하곤 한다. 그러나 투자에 성공하는 것은 부분일 뿐이고 시장을 판단하는 것과는 다르다. '그 남자는 잘생겨서, 투자도 잘 할 거야' 하고 판단하는 건 명백한 후광 효과에 의한 오류다.

Part 5.

부동산의 미래

부동산은 왜 항상 문제인가
(자본주의와 부동산)

2017년 전미경제학회American Economic Association가 발행하는 〈아메리칸 이코노믹리뷰〉에 실린 "집처럼 가격이 오른 것은 없다: 글로벌 주택 가격, 1870~2012 No price like home: global house price, 1870~2012"이라는 기사에 따르면, 20세기 중반까지 세계 주택 가격은 상당히 안정적인 모습을 보였다. 그러나 20세기 후반부터 주택 가격이 일제히 급등했다. 특히 2000년대부터 글로벌 주택 가격이 크게 상승했다.

일반적으로 20세기 이전에 주택 가격이 안정적일 수 있었던 원인은 세 가지로 설명된다. 첫째, 모기지(주택담보대출) 시장이 제대로 형성되지 않았다. 둘째, 교통이 급속하게 발전하면서 직장과 멀리 떨어져서도 살 수 있게 되자 유용한 토지의 양이 증가했다. 셋째, 토지에 대한 규제가 많지 않아 주택을 언제든지 건축할 수 있었다. 그러나 2차 세계 대전 이후 주택 시장은 이전과는 전혀 다른 양상을 보이며 큰 변화를 겪는다.

2차 세계 대전이 끝나고 냉전 체제가 성립되면서 각국 정부는 체제 안정을 추구하기 위해 주택(부동산) 소유 비중을 늘리는 정책을 채택한다. 바로 내 집 갖기 운동이다. 미국에서는 2차 세계 대전 이후 귀국한 참전 군인들이 한꺼번에 살 곳을 찾기 시작하면서 도시를 중심으로 주택 공급 부족 문제가 발생했다. 전쟁 이후 경기는 좋아져서 집값은 급등했지만 전쟁을 치르고 돌아온 병사들은 살 집이 없었다. 참전 용사들을 위해 정부는 도시 외곽에 주택 공급을 증가시켰다. 그러나 집만 지어준다고 문제는 해결되지 않았다. 참전 군인들은 집을 살 돈이 없었기 때문이다.

정부에서는 참전 군인에게 주택 융자G. I. Bill를 시작했다. 또한 분할 상환 조건이 없는 주택담보대출을 재향 군인들에게 제공했다. 2차 세계 대전 이후 참전 용사들을 위한 주택 대출 확대는 미국뿐만 아니라 전 세계로 확장됐다. 캐나다는 참전 군인들을 위해 캐나다 모기기 주택 공사Canada Mortgage and Housing Corporation, CMHC를 설립했다. 1950년대 일본도 낮고 고정된 금리로 주택 대출을 제공하기 위해서 주택 융자 공사를 설립했다.

신도시 건설과 파격적인 모기지가 확대되면서 미국 주택 보유율은 45%에서 70%로 증가한다. 영국 또한 주택 소유 비율이 30%에서 70%로 상승한다. 내 집을 갖기 위한 정책적 목적을 달성하고자 가장 활성화시킨 분야가 바로 모기지, 즉 대출이다. 주택 대출이 확대되면서 부동산은 금융과 더욱 밀접한 연관성을 갖게 된다.

모기지가 확대되면 당연히 주택을 사려는 사람들이 늘어난다. 대출이 증가하고 가격이 상승한다. 그런데 여기서 흥미로운 현상이 일어나기 시작한다. 빚으로 내 집을 산 사람들이 많아진 이후 집값은 급등하는데 오히려 주택 공급이 감소하기 시작한 것이다. 가격은 오르는데 집을 짓기가 더 어려워진 이유는 무엇이었을까?

실제로 뉴욕 맨해튼에서는 1960년 한 해에만 1만 3천 호의 신규 주택을 허가한 반면, 1990년대 이르러서는 10년 동안 2만 1천 호의 신규 주택만이 승인됐다. 왜 집을 안 지었을까? 미국 다트머스대학 경제학과 윌리엄 피셸Willian A. Fischel 교수는 '주택 소유자 투표Homevoter' 가설을 언급한다. 주택 소유율이 높은 상황에서는 주택 가격이 상승할수록 표를 얻기 쉽다는 논리다. 다시 말해 주택 소유율이 높아질수록 주택 건설은 감소하게 된다. 실제로 주택 소유율이 높을수록 지역 개발을 어렵게 하는 조치들이 시행될 가능성이 높아지고 규제들도 많아진다는 연구가 다수 발표됐다.

내 집을 갖기 위해 대출을 확대시켰다. 내 집을 가진 사람들이 많아지자 각종 규제가 많아지면서 주택 건설이 감소했다. 부동산에 금융이 결합되고 정치가 연합하면서 부동산 가격이 크게 상승할 수밖에 없는 구조였던 것이다. 문제는 지속가능성이다. 자본주의하에서 집값은 영원히 오를 수 있다는 믿음에 큰 회의를 던져준 사건은 서브프라임 사태다. 소득 대비 과도하고 빠르게 상승한 집값은 언제든지

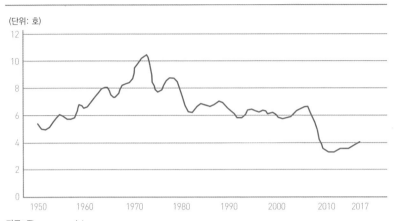

그림 20. OECD 국가 인구 1,000명당 주택 건설 호수 추이

(단위: 호)

자료: The economist

하락할 수 있고 경제에 큰 타격을 줄 수 있다는 사실을 경험했다.

　서브프라임을 경험한 이후 많은 국가와 정부는 부동산 시장 개혁에 나섰다. 대표적인 개혁이 주택금융시스템이다. 미국과 스위스, 독일 등이 각종 정책으로 대출을 조였다. 모기지 총량을 줄여 주택에 유입되던 과도한 수요를 막는 역할을 할 가능성이 크다.

　주택 공급 확대를 위한 다양한 정책도 제시되고 있다. 미국 바이든 행정부는 주택 공급을 획기적으로 늘리기 위해 조닝규제를 완화했다. 조닝규제는 건축에 필요한 최소 대지면적, 주차장 설치 의무, 다세대 주택 건설금지 등을 규정한 조항으로서 주택 공급을 감소시킨 원인으로 작용했다. 이러한 공급 확대 기조는 프랑스, 독일, 영국, 캐나다를 비롯한 각국 정부들도 마찬가지다.

　과거 모기지 확대, 주택 공급 감소 정책을 시행한 국가들은 예외

집이 온다

없이 주택 가격이 크게 상승했다. 불패 신화를 이어가던 집값은 서브프라임 사태라는 엄청난 충격을 받고 쓰러졌다. 이후 각국 정부는 주택 대출을 규제하고 주택 공급 확대에 나서고 있다. 팬데믹으로 인해 주춤해진 측면이 있지만, 부동산을 대하는 자본주의 체계의 시각은 분명 달라지고 있다. 이러한 변화가 앞으로 어떤 결과를 초래할까?

"물건과 물건 사이에 물건이 아닌 것이 끼어드는 더러움을 초의 선왕들은 경계했고, 돈몰한 목왕도 그 가르침을 받들었다. 금붙이로 곡식이나 땅을 사고팔게 되면 곡식도 땅도 아닌 헛것이 인간 세상에서 주인 행사를 하게 되고, 사람들이 헛것에 홀려 발바닥을 땅에 붙이지 못하고 둥둥 떠서 흘러가게 되고, 헛것이 실물이 되고 실물이 헛것이 돼서 세상은 만질 수 없고 입으로 맛볼 수 없는 빈껍데기로 흩어지게 될 것이라고 선왕들은 근심했다."

소설가 김훈은 《달 너머로 달리는 말》에서 돈으로 움직이는 세상을 무겁게 이야기했다. 물건에 돈이 끼어들면서 많은 문제가 생겨났다. 현대 사회로 접어들면서 돈은 화폐를 넘어 신용, 즉 금융으로 변신했다. 거주해야 하는 집에도 돈이 끼어들며 부동산이 됐다. 금융finance의 어원은 '끝, 목표'를 의미하는 라틴어 '피니스finis'다. 흥미롭다. 금융은 목표를 위한 전진을 의미하기도 하지만 끝을 뜻하기도 한다. 돈의 힘으로 올린 탑이 끝을 향해 갈지, 새로운 변화로 이어질지 예측하기 어려운 것이 현실이다. 그러나 한 가지 분명한 사실은 자본주의가 더욱 심화될수록 부동산은 더욱 중요한 문제로 부각되고 있다는 점이다.

정치가 내 집 마련을
도울 수 있을까

새로운 정부가 들어섰다. 선거 기간 동안 부동산 가격을 안정시키겠다는 강력한 의지를 지속적으로 표명했다. 집값 폭등으로 문재인 정부는 엄청난 비판을 받았다. 수많은 정책을 쏟아내고도 집값을 안정시키지 못했으니 비판에서 절대 자유롭지 못한 상황이다. 과연 새로운 정부는 정책적으로 한국 부동산 시장을 안정시킬 수 있을까?

우선 정책과 부동산 시장과의 관계를 살펴볼 필요가 있다. 집값이 급등하는 시기에 정부에서는 부동산 정책을 스무 번 넘게 발표했다. 정책을 발표할 때마다 주택 가격은 아랑곳하지 않고 상승했다. 분명히 상관관계가 존재한다. 그렇다면 정책이 집값 폭등의 원인이었을까? 사람들은 주택 시장 안정을 목적으로 한 부동산 정책이 오히려 집값을 상승시킨 원인이라며 비난했다. 그러나 상관관계와 인과관계에 대해서 분명하게 구별해야 한다.

인과관계와 상관관계를 혼동하면 안 된다. 예를 들어보자. 더운 여름이면 아이스크림과 에어컨이 잘 팔린다. 기온 상승과 아이스크림 판매량, 에어컨 회사 매출은 모두 상관관계를 가지고 있다. 그러나 인과관계는 다르다. 날씨가 더워져서 아이스크림과 에어컨이 잘 팔리는 것이지 아이스크림이 잘 팔려서 에어컨 회사 매출이 증가하는 것은 아니다.

주택 가격이 폭등하자 집값을 안정시키기 위해 많은 정책을 발표했다. 분명 상관관계가 존재한다. 그러나 정책 때문에 집값이 급등했다는 이야기는 아이스크림이 잘 팔려서 에어컨도 잘 팔린다는 이야기와 크게 다르지 않다. 반대로 박근혜 정부에서는 스물한 번에 걸친 정책을 발표하면서 부동산 규제를 풀고 대출 규제를 완화해줬다. 심지어 빚을 내어 집을 사라면서 적극적인 부동산 부양책을 사용했다. 그러나 주택 가격은 하향 안정됐다. 그렇다면 빚내서 집을 사라는 정책이 집값을 안정시켰던 정책이었을까?

결국 정책이 단기적 관점에서 부동산 시장에 영향을 미치기는 어렵다는 결론을 낼 수 있다. 심지어 그동안의 경험을 살펴보면 오히려 정책과는 반대로 돌아가는 시장의 상황이 연출될 가능성도 크다. 그렇다면 두 가지 문제가 발생한다. 부동산 정책을 어떻게 판단해야 할 것인가, 정책과 정치는 부동산 시장 안정을 위해 무엇을 해야 하는가, 라는 질문이다.

우선 정책의 기본적인 속성에 대한 이해가 필요하다. 정상적인 경우 정책 방향은 부동산 시장 흐름과 달라진다. 가격이 가파르게 상승하면 부동산 시장을 규제하고, 불황이면 경기 부양을 위해서 부동산 시장 부양책을 쓴다. 물론 정상적인 정부가 정책을 시행한다고 가정할 때에 한한다. 많은 사람이 과거 경험을 통해 진보 정부는 부동산을 규제하고 보수 정부는 부동산을 부양하는 정책을 사용했다고 규정한다. 정책과 정치 이념을 동일하게 생각한다. 인과관계와 상관관계를 잘못 파악한 전형적인 사례다. 공교롭게 진보 정부일 때 부동산 시장이 호황을 맞았고, 보수 정부일 때 주택 시장이 호황을 맞았을 뿐이다.

노태우 정부 때는 보수 정부임에도 불구하고 부동산 가격이 폭등하자 강력한 부동산투기억제 종합대책을 실시했다. 토지공개념 3법이 대표적이다. 이때 서울을 비롯한 6대 도시의 소유 택지 면적을 약 200평으로 제한하는 '택지소유상한법', 토지에서 발생하는 개발 이익을 세금으로 환수하는 '개발이익환수제', 토지 가격 상승으로 발생한 이득에 세금을 부과하는 '토지초과이득세법'이 도입됐다. 또한 토지 가격을 공시하는 공시지가제도를 도입해 정부 주도로 시장을 관리하는 제도의 초석을 마련하기도 했다. 결국 항상 시장 상황과 반대되는 정책이 불가피하다는 점을 이해할 필요가 있다. 정권이 바뀌면 부동산 가격은 오를 거라고, 아니면 떨어질 거라고 내다본 전망이 매번 틀렸던 이유다.

부동산 정책이 시장 안정에 실패한 원인이 몇 가지 있다. 우선 투자 시장의 본질 때문에 발생하는 근본적인 제약이 존재한다. 투자 시장은 피드백으로 움직이는 시장이다. 부동산 시장이 투자화됐다고 앞서 언급했다. 투자화된 시장에서 참여자들은 되먹임 현상으로 의사 결정하고 행동한다. 투자 시장에서는 과거나 현재에 얻는 정보를 이용해 의사 결정하기 때문에 의도된 행동을 유도하기가 사실상 불가능하다. 예를 들어 아파트 매물을 늘리기 위해 보유세를 강화했으나 오히려 매물이 감소할 수 있다.

정치적 과정에서의 제약도 문제다. 정책이 검토되는 과정은 대부분 언론을 통해 알게 된다. 그러나 실제로 도입되는 정책은 이미 알려져 예상되는 정책과 비교해 변질될 가능성이 크다. 상반된 이해관계를 가진 정치 집단들이 타협하는 과정에서 정책의 효과가 완화되기 때문이다. 대표적으로 종합부동산세의 경우 도입 시기에는 다주택자에게 높은 세율을 적용했으나 실제로 도입된 종부세는 처음 안보다 상당히 완화된 채 법이 통과됐다. 정치적 과정을 통해 부동산 정책이 변질됨으로써 시장에 영향을 적게 미치는 원인이 될 수 있다. 관료 조직의 문제도 지적할 수 있다. 정책을 수행하는 관료들도 사람이기 때문에 공익보다 사익을 먼저 챙기려는 태도를 보일 수 있다. 일종의 대리인의 도덕적 해이다.

투자화된 부동산 시장에서 참여자들의 되먹임 현상에 따른 의사결정, 정치적 과정의 제약, 대리인의 도덕적 해이 등의 문제로 부동산 정책은 실제 시장에 미치는 영향이 상당히 제한적일 가능성이 크다. 따라서 정책이 혹은 정치가 한국 부동산 시장을 안정시키기 위해서는 시장의 변화에 쏠려다니는 정책을 내놓을 것이 아니라 좀 더 근본적인 고민을 해야 한다.

우선 무엇을 부동산 정책 목표로 삼아야 하는지에 대한 답을 찾아야 한다. 가장 중요한 정책 목적은 시장 안정과 주거 복지다. 부동산 시장의 변화, 즉 가격 변화는 어떤 정책을 써도 조정할 수 없다. 오르는 가격을 내리게 할 수 없고, 내리는 가격을 다시 오르게 할 수 없다. 더구나 인플레이션이 지속되는 자본주의하에서 부동산 가격의 장기적 상승은 불가피한 측면이 있다. 이에 정부는 주택 가격의 흐름을 바꾸려고 노력하기보다 진폭을 낮출 수 있는 방향으로 노력해야 한다. 가격이 상승하더라도 상승 폭을 낮게 만들고 가격이 떨어지더라도 하락 폭을 제한하는 정책은 충분히 만들어낼 수 있고 효과도 발휘할 수 있다.

주택 가격 변동 폭을 낮추기 위한 가장 효과적인 방법은 불로소득 억제다. 불로소득이 제한되면 시장에 유입되거나 유출되는 투자(투기) 수요를 최대한 줄일 수 있다. 수익률이 낮아지면 일시적으로 집에 투자하려고 하거나 팔고 나가는 일이 발생하지 않기 때문이다.

국세청 자료에 따르면 2020년 부동산 양도 차익이 110조 원에 이른다. 삼성전자가 1년 동안 벌어들이는 영업 이익이 약 52조 원이다. 대한민국에서 1년 동안 부동산을 통해 발생하는 이익이 삼성전자가 전 세계에 반도체를 팔아 벌어들이는 수익의 두 배나 된다. 양도 차익뿐만 아니라 부동산 개발 이익도 대표적인 불로소득이다. 인허가 변경 덕분에 개인이나 사기업이 대규모 이익을 가져가고 있는 실정이다. 성남 대장동도 한 예가 될 수 있다. 분양 이익도 문제다. 분양가 상한제가 적용된 아파트가 시세보다 싸게 분양된다. 청약 가점이 높거나 추첨으로 당첨된 소수가 정책으로 생긴 이익을 독점한다.

불로소득을 줄이기 위해서는 부동산 투자에 대한 수익률을 낮추는 데 그치지 말고 불확실성을 높여야 한다. 예를 들어 양도세와 취득세를 비교해보자. 양도세는 이익에 기반한 세금이기 때문에 양도 차익이 발생해야 납부한다. 따라서 투자 자체를 줄이는 효과가 제한적일 가능성이 크다. 반면 투자하려고 집을 사는 사람에게 취득세를 과중하게 부과하는 경우를 생각해보자. 취득세는 이익의 발생 여부와는 달리 주택을 매입할 때 납부해야 한다.

무엇보다 실제 주거 비율을 높여야 한다. 한국 전체 주택 중에서 약 37%가 투자 목적으로 보유한 집이다. 다주택자뿐만 아니라 1주택자도 자신이 살지 않을 집을 투자 목적으로 보유하고 있다. 투자 목적의 집을 많이 보유할수록 매물 증감 변화의 원인이 되므로 시장 변동성은 커질 수 있다. 따라서 한국 주택 시장의 변동성을 줄이고 시장 안정을 추구하기 위해서는 투자 목적의 부동산을 줄이고 소유자가 직접 거주할 목적의 주택을 늘려야 한다. 자기 집에 직접 거주하는 '자주自住 세대 증대'가 해결책이 될 수 있다.

자주 세대 공약
(만약 공약을 만들 수 있다면)

"부동산이 아닌 집으로!"

"투기가 아니라 집은 삶의 터전입니다!"

대한민국에서 집은 부동산이 된 지 꽤 오래됐습니다. 아이들을 기르고 행복을 가꿔나가야 하는 집이 투기 대상이 됐습니다. 무리하게 빚을 내어 살지도 않을 집을 사고, 이제 갭 투자라는 말은 현명한 투자 방법으로 인식되고 있습니다. 집을 가지고 있는 10명 중 3명은 다주택자고, 부동산 가격 폭등으로 집에 투자한 사람들의 부는 하루가 다르게 증가했습니다.

삶의 터전인 집이 투기 대상이 되면서 발생하게 된 사회적·경제적 문제는 더욱 심각해지고 있습니다. 청년 세대가 영혼을 끌어 모아 집을 사고, 높아진 집값에 결혼과 출산을 미루고 있습니다. 하루를 성실하게 살고 있는 중·장년 세대는 내 집을 마련하지 못한 좌절감에 노동 의욕을 상실하고 있습니다. 그뿐만이 아닙니다. 높은 가격의 집을 사기 위해 폭증한 가계 부채는 사회 문제를 넘어 우리의 경제를 위협하고 있습니다. 대한민국은 세계 주요 국가 중 GDP 대비 가계 부채가 가장 많은 나라가 됐습니다.

부동산 문제를 해결하기 위해 공급 확대를 약속드렸습니다. 그러나 주택 공급 증가와 더불어 집을 투기 목적으로 사는 행위를 근원적으로 중단시켜야 합니다. 아무리 많은 집을 공급해도 누군가 투기 목적으로 살지도 않을 집을 지속해서 사들인다면 밑 빠진 독에 물 붓는 격이 될 수 있습니다.

이에 투기 목적이 된 집을 사는 집으로 되돌리기 위한 과감한 개혁을 하고자 합니다. 개혁 출발점으로 자가 점유율을 획기적으로 올리는 정책을 약속드립니다. 자신이 보유한 집에 직접 거주하는 가구가 증가할수록 주거 안정성은 더욱 커질 것입니다. 또한 급격한 집값 변동에 따른 경기 위험도 낮아질 수 있습니다. 투기 목적이 아니라 직접 거주하고 살아야 할 집을 사는 문화가 정착된다면 대한민국의 부동산은 사는 집으로서 본연의 역할을 하게 될 것으로 믿습니다. 투기가 아닌 직접 거주하는 집을 늘리기 위한 정부 차원의 정책 공약을 다음과 같이 약속드립니다.

첫째, 주택 매입 단계에서 실거주 의무를 강화하겠습니다. 분양 단계뿐만 아니라 주택 매입 단계에서도 실거주 의무 규정을 도입하고 인센티브를 강화하겠습니다.

1. 공공과 민간을 포함한 모든 분양 아파트에 대해서 의무 입주와 함께 실거주 요건을 강화하겠습니다.

최근 주택법 시행령 개정을 통해 수도권 지역에 분양가 상한제가 적용되는 공공 택지 아파트의 실거주 의무 기간이 2년부터 최대 5년으로 강화됐습니다. 그러나 재건축·재개발 일반 분양과 민간 분양에도 실거주 의무를 적용할 필요성이 있습니다. 실거주를 위한 무주택 세대에게 실질적 공급이 이뤄져야 주택 확대 정책이 시장 안정으로 이어질 수 있습니다. 그뿐만 아니라 청약 경쟁률도 낮아져 실거주 세대의 당첨 가능성도 높아질 수 있습니다.

2. 실거주 주택 매입에 대한 취득세를 대폭 인하하겠습니다. 또한 실거주 목적의 교체 수요인 경우 양도세 감면을 확대하겠습니다.

부동산은 보유세를 적정 수준으로 높이고 거래세는 낮춰야 합니다. 그러나 일률적으로 투기 거래까지 거래세를 낮추면 불확실성을 줄여 투기 수요를 부추길 수 있습니다. 그동안 부동산 거래세 인하에 소극적이었던 이유였습니다. 반면 실거주와 투기를 엄격하게 구분하면 거래세를 충분히 낮출 수 있습니다. 실거주 목적의 취득세만을 선별해 낮춘다면 거래를 활성화시켜 시장 안정에 기여할 수 있습니다.

또한 실거주 목적으로 교체 매입하는 경우 기존 주택 매도 시에 발생하는 매매 차익에 대한 양도세 감면을 확대하겠습니다. 모든 주택 가격이 크게 상승한 상황에서 과도한 양도세 부담은 사정에 따라서 주거를 이동해야 하는 많은 세대의 주거 이전의 자유를 침해하고 있습니다. 이러한 문제로 자신이 보유한 집에 직접 거주하지 못하는 경우도 빈번해지고 있습니다. 따라서 기존 주택을 매도하고 실제 거주할 집을 다시 매입할 경우 양도세를 감면하거나 이연하는 정책을 실행하고자 합니다.

둘째, 실거주를 기준으로 부동산 세제를 개편하겠습니다. 현행 부동산 세제 구조는 실거주 여부에 따른 인센티브가 적었다고 판단합니다. 투기 목적의 수요에 대해서 응징적인 과세 구조 체계를 유지한다면 부동산 시장의 근본적인 변화를 만들기 어렵습니다. 동화《해와 바람》에서처럼 바람보다 해의 힘을 믿습니다. 실거주에 대한 인센티브를 대폭 강화해 집을 사는buy 것이 아닌 사는live 곳으로 만들고자 합니다.

1. 양도세 거주 기간 특별 공제를 대폭 확대하겠습니다.

현행 양도 차액에 대한 장기 보유 특별 공제율은 거주 기간이 10년 이상일 경우 최대 40%가 감면됩니다. 반면 거주 기간과 더불어 보유 기간에 대해서도 최대 40%까지 감면됩니다. 거주와 단순 보유의 공제율이 같은 구조에서는 국민들에게 집은 투기하는 대상이 아니라고 말할 수 있는 명분이 없습니다. 이에 거주 기간에 대한 공제율을 대폭 확대하고 점진적으로 단순 보유 기간에 대한 공제율을 축소하겠습니다.

2. 투기 목적의 1주택에 대한 혜택을 줄여나가겠습니다.

1주택자인 경우에도 투기 목적으로 집을 보유한 비중이 큽니다. 수십억 원에 이르는 주택을 투기 목적으로 보유하고 있는 세대에 대해 단순 1주택자라는 이유만으로 실제 거주하고 있는 1주택자와 동일한 세제 혜택을 주는 것은 공정하지 않습니다. 실제로 거주하는 1주택자에 대한 인센티브를 강화하는 반면 실제로 거주하지 않는 1주택자에 대한 혜택을 줄여 점진적으로 자가 점유율을 확대시켜나가겠습니다.

집은 투기하는 대상이 아니라 사는 곳이어야 합니다. 직접 거주하는 집이 많아질수록 대한민국 집값은 안정되고 집으로 고통받는 국민들도 줄어들 수 있습니다. 자녀 세대들마저도 자신들이 살지 않을 집을 사러 버스까지 대절해 돌아다니게 할 수 없습니다. 과거 농지 개혁을 통해 소작 제도를 없애고 자영 농민을 늘려 대한민국 기초를 만든 것처럼 자기 집에 직접 거주하는 자주 세대를 늘려 근원적인 부동산 시장 안정의 토대를 만들겠습니다.

집은 이제 부동산이 아니라 집이 돼야 합니다.

만약 공약을 만들 기회가 있다면, 위와 같은 공약을 만들고 싶다. 모름지기 정치는 시장 안정뿐만 아니라 주거 취약층을 위한 주거 복지 정책을 만들어야 한다. 또한 건전한 공공 주택을 확보해야 한다. 2020년 기준 한국 공공 임대 주택 재고는 170만 가구다. 전체 주택에서 차지하는 비율이 8%로 증가했다. 문재인 정부 들어 공공 임대 주택이 증가한 결과다. 그럼에도 불구하고 주택의 질 측면에서 턱없이 부족하다. 2019년 공공 임대 주택 중 $60m^2$ 이하 면적의 주택은 72.4%에 이른다. 소형 공공 임대 주택이 밀집해 공급되고, 일반 분양 주택과 외관상에서도 크게 차이가 난다. 저소득층의 주거지라는 부정적인 이미지로 인식돼 주변 주민과의 갈등이 사회 문제화되기도 한다. 공공 주택을 숫자로만 채울 것이 아니라 질적 차원에서 접근해야 한다.

문제는 공공 주택을 공급할 때 대부분 신축 방식에 의존한다는 점이다. 신축 방식은 오랜 시간이 걸릴 뿐만 아니라 사실상 도심 지역에는 공급이 불가능하다. 일자리가 도심에 집중돼 있는 상황에서 주거 취약층을 도심 외곽으로 이동시키는 신축 방식은 효과를 발휘할 수 없다. 그보다는 기존 아파트를 매입해 공공 주택을 확보하는 방법을 사용해야 한다. 물론 현재도 매입 임대 주택 제도가 존재한다. 그러나 지원 단가가 1.2억 원에 불과하고 다가구 주택에 집중돼 있어 질이 높은 공공 주택을 매입할 수 없는 실정이다.

기존 아파트를 매입하고 공공 주택을 늘리는 방식은 부동산 시장 안정화에도 도움이 될 수 있다. 부동산 가격이 하락하면 경기에 직접적인 충격을 줄 수 있다. 무주택자들은 가격 폭락을 반길 수 있으나 장기적인 관점에서는 절대 긍정적인 상황이 될 수 없다. 이에 대비해 정부에서는 부동산 가격이 과도하게 하락하지 않도록 충격 완화 장치를 사용해야 한다. 그동안 부동산 가격이 떨어질 때 사용했던 대부분의 정책은 투자 수요를 부추기기 위해 규제를 완화해주거나 대출 규제를 풀어주는 식이었다. 부양 정책은 일시적으로 도움이 됐으나 부동산 가격 폭등이라는 부작용을 일으켰다.

부동산 가격이 떨어질 때 정부에서 적극적으로 나서서 아파트를 매입해 공공 주택으로 활용해야 한다. 가격의 과도한 하락을 방지할 뿐만 아니라 양질의 공공 주택을 빠르게 확보할 수 있는 최적의 방법이다. 과거에도 미분양이 급증하고 주택 가격이 하락할 때 정부에서 투기를 부추기는 정책이 아니라 공공 주택으로 매입했다면 최근과 같은 집값 폭등 현상은 방지할 수 있었을 것이다.

공동체가 제공하는 주택·운송·교육·보건의 수준이 낮으면 사람들은 집단에 소속돼 있다는 사실에 대한 가치를 느끼지 못한다. 평범하다는 것이 평균적인 삶의 요구조차 충족시키지 못할 때 사람들은 더욱더 많은 자산, 높은 지위에 대한 욕망을 키울 수밖에 없다. 반면 사회와 공동체가 높은 수준의 공공재를 제공할 때 개인적 욕구와 차별 의식은 어느 정도 줄어들 수 있다. 평범한 시민이 되는 것도 괜찮은 운명처럼 보일 수 있는 환경이 조성돼야 한다Ordinary citizenship may come to seem an adequate goal.

알랭 드 보통이 《불안》이라는 책에서 언급한 이야기를 다시 한 번 되새겨볼 필요가 있다. 스위스 취리히에 도입된 전차 네트워크는 전 세계 최고 수준을 자랑한다. 취리히의 전차는 깨끗하고 안전하고 정확하다. 그곳에 비하면 뉴욕에서는 낯선 사람들과 함께 열차를 타는 것을 피하고 싶은 욕구가 강해진다. 모든 인간이 귀중하다는 인식을 유지하고 인간적인 삶을 회복할 수 있는 공간과 태도를 조성한다면 사람들은 평범한 삶을 어둡게 보지 않는다.

질 좋은 공공 주택이 충분히 공급되면 주택에 대한 사람들의 욕망을 줄일 수 있다. 자산을 모을 때까지 무리하게 집을 사기보다 좋은 공공 주택에 살면서 더욱 부가가치 높은 일을 하게 될 것이다. 사람들이 평범한 삶을 어둡게 보지 않도록 정치와 정부는 좋은 공공 주택을 확보하기 위해 노력해야 한다.

Think It

정부가 집을 뺏는다고?

2021년 9월 26일 베를린시는 시민들의 청원을 받아 주택 3천 호 이상을 보유한 민간 부동산 회사의 주택을 수용하자는 안건으로 주민투표를 실시했다. '도이체 보넨 몰수를 위한 주민 투표'라고 불린 투표의 결과는 찬성 56.4%로 가결됐다. 수용 대상은 민간 부동산 회사가 보유 중인 주택 24만 채로 베를린 시내 전체 임대 주택의 16%에 해당하는 물량이다.

주민 투표는 결의안 형식으로 베를린시가 법적으로 따를 의무는 없다. 그러나 주민 다수가 찬성한 만큼 시당국과 시의회는 향후 실행 계획을 마련할 것으로 알려졌다. 반면 부동산 회사들은 이를 현실화하는 법안이 제출되면 위헌 소송을 내겠다는 입장이다. 베를린시에 무슨 일이 있었기에 많은 시민이 부동산 회사 소유의 집을 뺏어야 한다는 과격한(?) 청원을 했던 것일까?

최근 독일도 유동성 폭증 및 이민 등에 따른 집값과 임대료 급등으

집이 온다

로 인해 무주택자를 중심으로 한 시민들의 주거 기본권이 심각하게 훼손되고 있는 실정이다. 베를린시의 경우 최근 10년 전에 비해 월세 상승률이 평균 80%를 상회했다.

가격이 상승하면 공급이 증가해 가격이 안정되는 일반 재화 시장과 달리 주택은 단기 공급, 즉 착공을 통한 시장 안정화가 불가능하다. 집을 짓는 데 오랜 시간이 걸리기 때문이다. 한계에 다다른 베를린시뿐만 아니라 부동산 문제로 어려움을 겪고 있는 모든 나라에서 부동산과 임대차 시장 안정을 위한 여러 가지 정책 대안이 필요한 상황이다.

어느 때보다도 공공, 즉 정부의 역할이 중요한 상황이다. 베를린 시민은 안정적인 임대 주택을 시장에 공급할 수 있도록 공공에서 나서서 직접 유통 시장에 참여하도록 청원을 한 것이다. 부동산 회사들이 보유하고 있는 주택을 공공에서 유상 매입 후 저렴하게 임대해 시장을 안정시킨다는 방안은 기존에 없던 혁신적인 방법이다.

흡사 우리나라에서 1949년에 시행된 농지 개혁을 연상시킨다. 당시 이승만 대통령-조봉암 농림부장관의 대한민국 정부는 유상몰수·유상분배 방식의 농지 개혁을 단행했다. 다음 해 공산군이 쳐들어왔을 때 김일성은 남한 농민의 적극적 호응을 기대했으나 이미 자기 땅을 갖게 된 농민들은 공산주의에 호응하지 않았다. 이는 전쟁의 승리 원인 중 하나로 꼽힌다.

실제 법안 제정을 통한 달성 여부를 떠나 역대 최악으로 치닫고 있는 부동산 시장에서 베를린 시민들은 공공의 혁신적인 참여를 요구하고 있다. 과연 이러한 공공의 부동산 유통 시장 참여는 효과를 발휘할 수 있을까?

공공의 적극적인 참여에 대한 요구 이면에는 베를린뿐만 아니라 글로벌 주요 부동산 시장에서 확대되고 있는 투자·투기 자본의 유입이라는 요인이 있다. 최근 미국에서는 블랙스톤이라는 사모펀드가 주택을 가장 많이 매입한 주체로 급부상했다. 2021년에만 60억 달러 이상을 투자했다. 한국에서도 법인이나 다주택자들이 투자를 목적으로 주택을 매수해 시장에 큰 영향을 주고 있다.

주택을 보유한 기업과 다주택자는 유동성이 확대되고 주택 시장에 투자(투기) 수요가 급증하면 매도 물량(공급) 줄이기에 나선다. 그들의 목적은 집값 올리기다. 특히 임대료 인상은 장기간에 걸쳐 안정적으로 집값을 올리는 데 가장 효과적인 방법이다. 심지어 임대 물량을 줄이고 임대료를 인상시키기 위해 빈집도 증가하고 있다.

최근 캐나다에서 도입된 '빈집세'도 빈집을 통해 집값 올리기에 나선 기업이나 다주택자들에 대응해 정부가 내놓은 정책 중 하나였다. 하지만 매도 물량 감소와 임대료 상승을 통한 '창의적인' 집값 올리기에 대응해 정부가 정책을 내놓는 데도 한계가 있을 수밖에 없다. 집을 바로 공급할 수 없다는 현실적인 문제를 안고 있을 뿐만 아니라 유통 시장을 안정시킬 수 있는 주택을 보유하고 있지 않기 때문이다. 만약 정부가 공공 주택을 충분히 보유하고 있다면 매물과 임대 물량 조절을 통해 시장을 안정시킬 수 있다.

공공 주택을 다수 보유한 싱가포르는 상대적으로 안정적인 임대차 시장을 유지하고 있다. 싱가포르에서는 인구 80% 이상이 공공 성격의 주택에 거주하고 있다. 싱가포르 정부가 많은 공공 주택을 보유하게 된 계기는 1960년대 사유지 몰수를 통한 공공 부동산 확보가 시작이었다. 반면 불안정한 부동산 시장이 지배적인 대부분의 국가에서는 공공 주택 보유 물량이 현저히 부족한 상황이다. 공공 임대 주택 비중은 한국 7.4%, 독일 2.9%, 미국 3.3%에 불과하다.

공공 주택은 분명 시장 안정화에 도움이 될 수 있다. 문제는 어떻게 공공 주택을 확보하느냐에 관한 사항이다. 그동안 한국을 포함한 대부분의 정부에서 공공 주택을 확보한 방법은 공공 주도의 신축이 주를 이루었다. 한국의 신도시 개발이 대표적인 예다. 그러나 새로 짓는 방법은 시장 안정화에 한계를 가지고 있다. 토지 확보와 건설 등을 위해 오랜 시간이 걸리기 때문에 시장을 안정시키는 데 시차가 존재한다. 우리나라에서도 곧 3기 신도시를 포함해 대규모 공급을 예고하고 있지만 한계를 알고 있는 시장 참여자들은 전혀 동요하지 않고 있다. 게다가 님비 현상 등과 같은 공공 주택 신축에 대한 주민 반발이 극심한 상황이다.

대규모 신축을 통한 공공 주택 공급은 단기적인 문제뿐만 아니라 장기적으로도 문제점을 가지고 있다. 인구 감소, 고령화 시대에 주택 총량을 늘리면 향후 경제에 큰 부담으로 작용할 가능성이 높다. 일본은 부동산 문제를 신도시 공급으로 대응했지만 현재 전체 주택의 14%가 빈집으로 남아 있다. 임대 주택을 단기적으로 충분히 공급하고 인구 구조 변화에 장기적으로 대응할 수 있는 효과적인 방안 중

하나는 정부가 주택을 유통 시장에서 매입하는 방법이다. 만약 베를린시 정부가 기업으로부터 주택을 매입한다면 임대 시장 안정뿐만 아니라 투기 자본의 부동산 시장 유입을 효과적으로 차단할 수 있는 방법이 될 수 있다.

부동산 시장은 다른 시장과 비교할 때 근본적 한계를 가지고 있다. 공급이 가격에 따라 탄력 있게 조정되지 않는다는 점이다. 따라서 많은 시장에서 실패 현상이 나타난다. 반면 부동산 시장은 어떤 재화보다도 시민과 서민의 삶에 중대한 영향을 미친다. 부동산 시장에서 시장 실패를 교정하고 시민 주거 복지를 달성하려면 정부의 적극적인 참여가 불가피하다. 정부가 시장에 어떻게 참여할 것인지를 고민해야 할 시점이다. 세상을 바꾸는 혁신은 논리보다 현실적인 방법에서 나온다.

베를린 시민들의 문제 제기야말로 자신들이 직접 겪고 있는 현실을 반영한 혁신의 시작이다. 그들은 매월 올려줘야 하는 임대료와 치솟는 부동산 가격을 몸으로 겪으면서 이제 새로운 정책이 필요하다고 요구하고 있다.

"개인 또는 법인이 가지고 있는 집을 몰수한다고?"

자유를 논하는 사람에게는 과격하게 들릴 수도 있다. 그러나 현실을 살아야 하는 많은 사람이 공공의 적극적인 유통 시장 참여를 요청하고 있다.

관행과 관습에 매인 부동산 정책으로 인한 피해는 고스란히 시민이 받을 수밖에 없다. 우리가 이미 경험하고 있는 현실이다. 진화하고 있는 투자(투기)에 대응하기 위한 혁신적인 부동산 정책이 우리에게도 절실하다. ctrl+c와 ctrl+v로는 절대 좋은 세상을 만들 수 없다.

나도 상위 2%가 되고 싶다?

2021년 납부고지서가 발급되면서 종합부동산세에 대한 논란이 뜨거웠다. 납부해야 할 종부세가 지난해 대비 두 배 이상 증가하면서 '세금 폭탄'을 운운하는 언론 기사가 넘쳐났다. 증가율만 보면 폭탄이라고 부를 수 있는 수준이었다. 주택분 종부세 고지 인원이 2020년 66만 7천 명에서 2021년 94만 7천 명으로 42% 증가했기 때문이다. 고지세액도 2020년 1조 8천억 원에서 2021년 5조 7천억 원으로 무려 3.2배 증가했다. 세금 납부자와 세액이 이처럼 크게 증가한 예는 없었다.

정부는 "폭탄 논란은 사실과 다르다"고 해명했다. 주장의 근거로 종부세 납세자가 전 국민의 2%에 불과하다는 점을 들었다. "98%가 내지 않는 종부세가 어떻게 폭탄일 수 있냐"는 이야기다. 그뿐만 아니라 종부세 납세자가 대부분 다주택자나 법인이기 때문에 일반인은 전혀 문제 될 것이 없다는 주장이다.

과연 누구의 말이 맞는 것일까? 판단을 하기에 앞서 2%에 대한 의문을 가져본다. 2%밖에 내지 않는 세금을 50%가 넘는 사람들은 왜 폭탄이라고 하며 비난할까? 2%밖에 내지 않는 세금에 대해 왜 정부는 집착할까?

2%에 대한 판단이 다른 까닭은 종합부동산세의 존재 이유에 대해 명확한 개념이 정립돼 있지 않기 때문이다. 종부세 폭탄을 걱정하는 사람들은 과도한 세금이 향후 전세나 월세 인상으로 이어져 임차인이 부담을 지게 된다는 논리를 편다. 이기적인 인간을 가정할 때 가능한 논리 전개다. 세금을 많이 내니, 월세를 많이 받아 보충해야겠다고 생각할 수 있다.

이런 경우라면 2%가 내는 세금임에도 많은 임차인이 종부세 부과에 대해 오히려 불안해하고 불만을 가질 수 있다. 그러나 종부세 부담 증가가 임대료 인상으로 이어진다는 논리에는 문제가 있다. 진실을 알기 위해서는 반대로 질문해보면 된다. 종부세 부담이 감소하면 임대료가 낮아지는가? 답은 '그렇지 않다'일 가능성이 매우 높다. 임대료 인상은 시장 상황에 따라 움직이는 것이지 세금에 따라 변하지 않는다. 예를 들어 임대인의 종부세 부담이 증가하더라도 부동산 가격이 하락하고 임차 물량이 많다면 임대료는 오히려 하락할 수 있다.

그럼 정부는 왜 보유세를 강화했을까? 정부 관계자는 보유세를 강화하면서 "기회를 드리겠다. 이제 집을 파시라"고 말했다고 전해진다. 보유세를 강화한 정부의 의도가 나타나는 대목이다. 즉 보유세를 많이 내게 되면 세금이 무서워서 집을 팔기 시작할 것이고, 그렇게 되면 시장이 안정된다는 정책 효과를 기대했을 가능성이 크다.

그러나 시장의 모습은 정부의 순진한(?) 기대와는 다르게 나타났다. 시장에 파는 대신 자녀들에게 팔았고(증여), 부부가 나눠 가졌다. 게다가 어차피 물려줄 거라며 심지어 손자 손녀에게 주택을 넘겨주면서 '자식 패싱'이 일어나기도 했다. "바람은 결코 나그네의 옷을 벗길 수 없는 것일까?"라는 반성으로 이어졌다. 결국 매물 증가가 없으니 종부세로 인한 시장 안정 효과는 나타나지 않았고 급기야 종부세 완화나 폐지 논쟁으로 이어졌다.

그렇다면 한국 부동산 시장에서 종부세의 역할은 무엇이고, 왜 필요한 것일까? 종부세는 기본적으로 교정 과세 성격을 갖는다. 시장에 맡겨놨을 때 일어날 수 있는 부정적 효과를 제거하고 민간 시장을 바람직한 방향으로 이끌기 위한 조세를 의미한다. 환경 보호를 위해 이산화탄소 배출에 대해 세금을 부과하는 경우가 대표적이다.

종합부동산세는 부동산 시장 안정화를 위해 도입됐다. 그러나 매도 물량 증가가 아니고 투자(투기) 수요 억제에 목적을 두고 있다. 부동산 시장은 특성상 공급이 한정돼 있고 시간이 오래 걸리기 때문에 가격을 안정시키기 위해서는 수요를 적절하게 규제하는 것이 매우 중요하다. 특히 투자 목적의 주택 수요는 일시에 급증할 수 있기 때문에 지속적인 관리가 필요하다.

그렇다면 어떻게 투자 수요를 줄일 수 있을까? 가장 효과적인 방법은 투자에서 얻는 수익률을 낮추는 것이다. 수익률이 낮으면 투자하려는 수요는 감소한다. 주택 수익률을 낮춘다는 차원에서 종부세는 강력한 효과를 발휘할 수 있다. 다주택자에게 부담을 가중하는 세율 구조에서 종부세는 주택 투자 수익률을 크게 하락시킬 수 있다.

일반적으로 주택 투자를 하는 사람들은 집을 한 채 더 사야 한다. 일부 사람을 제외한다면 내 집 한 채에 살고 있을 때 집값 상승에 따라 투자 수익을 실현하는 데 한계가 있다. 따라서 집에 투자하기 위해서는 내 집 이외에 한 채를 더 매수해 다주택자가 돼야 한다. 이러한 다주택자에게 과중하게 부과되는 종부세는 투자(투기) 목적으로 집을 사려는 수요를 줄일 수 있다. 그리고 종부세 강화로 수익률이 떨어져 투자(투기) 수요가 감소하면 부동산 시장은 안정될 수 있다.

하지만 종부세가 의도와는 다르게 제대로 효과를 발휘하지 못했다. 그 이유는 무엇일까? 종부세 도입이 잘못됐기 때문이 아니다. 종부세가 시장 안정화에 무력했던 이유는 존재 자체 문제가 아니라 세율이 낮았기 때문에 투자(투기) 수요 감소에 제대로 된 역할을 하지 못한 것이다.

강남에 시가 기준 50억 원 상당의 아파트를 가진 2주택자는 2021년 9천만 원에 육박하는 세금을 내야 했다. 반면 2020년 납부액은 3천만 원이었다. 납부액이 세 배 이상 증가했다는 점에 놀랄 수 있으나, 더 놀라운 것은 2020년 납부액이 3천만 원이었다는 점이다. 시가 대비 0.6%인 종부세율로는 투자(투기) 수요를 줄일 수 없었다. 오히려 모든 사람이 종부세를 내고 싶다고 말한 이유이기도 하다.

찬반 논란을 넘어 시장을 전망할 때 종부세 강화는 변화를 의미한다. 세율이 과도하게 상승하면 추가적인 투자(투기) 수요 증가가 어려워질 수 있다. 종부세를 강화하면 마치 주택담보대출 금리 인상처럼 투자 수익률을 낮춰 투자 목적의 주택 수요를 감소시킬 수 있다. 수요가 감소하면 가격 상승세는 둔화되고 매물이 증가하면 가격 하락의 원인이 될 수 있다. 이미 서울을 중심으로 한 주택 시장에서 투자 수요가 감소하면서 거래량은 급감하고 가격 상승 폭이 하락하고 있다.

"2%가 종부세를 낸다며? 나도 종부세 좀 내고 싶다."는 말을 요즘도 심심치 않게 듣는다. 그런데 만약 그렇게 말하는 친구에게 "이제 종부세를 매년 1억 원씩 내야 한대."라고 말해준다면 뭐라고 답할까? 종부세 폭탄 뉴스를 보면서 주목해야 할 점은 다름 아닌 주택 수요 감소 가능성이다. 당신은 2%가 되고 싶은가? 아니면 2%에서 벗어나고 싶은가?

You are lost, hope is gone.

But you must go on.

And do the next right thing.

당신, 길을 잃었고 희망도 없네요.

하지만 계속 가야만 해요.

그리고 꼭 '옳은 일'을 하세요.

    영화 〈마진콜Margin Call〉은 글로벌 금융위기를 배경으로 월스트리트의 한 대형 금융회사에서 일하는 사람들의 이야기를 그리고 있습니다. 영화에서 위험을 미리 인지한 경영진은 회사가 가진 부실 자산을 주식 시장 시작과 함께 모두 팔라고 명령합니다. 그러나 한 젊은 직원이 모든 상품을 한순간에 팔면 시장이 파탄이 날 것이라고 반대합니다. 그러면서 묻습니다.

"우리가 하는 일이 옳은 일일까요Do you really think this is the only or the right thing to do?"

그러자 상사가 말합니다.

"누구한테For who?"

회사 입장에서는 모든 상품을 최대한 빨리 투매하는 것이 옳은 일이었습니다. 그러나 전체 시장 차원에서는 혹은 더 많은 사람들을 위해서는 최대한 천천히 팔고 손실을 분산하는 것이 옳은 일일 것입니다. 옳은 일을 한다고 하지만 누구 입장에서 옳은 것일까요? 현실을 사는 우리가 매일매일 직면하는 문제입니다.

제가 쓴 글은 명확한 목적을 가지고 있습니다. "엄마, 우리는 언제 우리 집에서 살아?"라는 아이의 질문에 마음 아파하는 모든 이들을 위해 책을 썼습니다. 투자나 투기로 집을 사는 사람들을 위한 것이 아니라 부동산을 집으로 생각하는 모든 사람들을 위한 책입니다. 전 그들과 우리를 위해 옳은 일을 하고 싶습니다. 독자 여러분들이 책을 통해 부동산 시장의 본질에 대해 고민을 시작하셨으면 합니다. 이 책이 작은 시작이고 행동이 되길 바라봅니다.

아일랜드 시인 예이츠는 이렇게 썼습니다.

"The best lack all conviction, while the worst are full of passionate intensity."

"최선의 인간들은 신념을 모두 잃었고, 최악의 인간들은 강렬한 열정에 사로잡혔다."

하지만 분명 옳은 일을 향해 최선의 일을 행하는 사람들이 다시 열정을 찾는 날이 올 겁니다. 그것이 희망이고, 희망은 다시 찾아옵니다. 희망을 믿습니다.

집이 온다

초판 1쇄 인쇄 2022년 4월 30일 | 초판 2쇄 발행 2022년 6월 13일

지은이 이광수

펴낸이 신광수
CS본부장 강윤구 | 출판개발실장 위귀영 | 출판영업실장 백주현 | 디자인실장 손현지 | 디지털기획실장 김효정
단행본개발팀 권병규, 조문채, 정혜리
출판디자인팀 최진아, 당승근 | 저작권 김마이, 이아람
채널영업팀 이용복, 이강원, 김선영, 우광일, 강신구, 이유리, 정재욱, 박세화, 김종민, 이태영, 전지현
출판영업팀 민현기, 정슬기, 허성배, 정유, 설유상
개발지원파트 홍주희, 이기준, 정은정, 이용준
CS지원팀 강승훈, 봉대중, 이주연, 이형배, 이은비, 전효정, 이우성

펴낸곳 (주)미래엔 | 등록 1950년 11월 1일(제16-67호)
주소 06532 서울시 서초구 신반포로 321
미래엔 고객센터 1800-8890
팩스 (02)541-8249 | 이메일 bookfolio@mirae-n.com
홈페이지 www.mirae-n.com

ISBN 979-11-6841-175-3 (03320)

* 와이즈베리는 ㈜미래엔의 성인단행본 브랜드입니다.

* 책값은 뒤표지에 있습니다.

* 파본은 구입처에서 교환해 드리며, 관련 법령에 따라 환불해 드립니다.
  다만, 제품 훼손 시 환불이 불가능합니다.

와이즈베리는 참신한 시각, 독창적인 아이디어를 환영합니다.
기획 취지와 개요, 연락처를 bookfolio@mirae-n.com으로 보내주십시오.
와이즈베리와 함께 새로운 문화를 창조할 여러분의 많은 투고를 기다립니다.